重 要

本書に付属している音声ディスクは MP3 CD-ROM です。一旦 CD-ROM からパソコンにデータをコピーしてから使用します。

<u>一般的な CD ラジカセや音楽 CD プレーヤーでは再生できません</u>ので、ご注意ください。

CD-ROM 内の「ReadMe」ファイルに操作手順の説明があるので、ご参照ください。
下記の操作で CD-ROM の中身を表示することができます。

【Windows10 および 8.1 の場合】
(1) 画面下部のタスクバーのエクスプローラーアイコン をクリックします。
(2) ウィンドウが開くので、左側に表示される「PC」(①) をクリックします。
(3) ウィンドウ内の右側にディスクドライブのアイコン(②) が表示されるのでダブルクリックします。

【Windows7 の場合】
CD-ROM をパソコンに挿入したあと右のような画面が出る場合は「フォルダーを開いてファイルを表示」をクリックします。
※右の画面が出ない場合は、コンピュータを開き、ディスクドライブのアイコンをダブルクリックして開いてください。

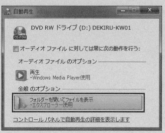

【Mac OS の場合】
CD-ROM のアイコンをダブルクリックします。

※下記ウェブページにも操作手順の説明がございます。
http://www.ask-books.com/MP3/
アスクブックス「MP3 CD-ROM の使い方」

著 新大久保語学院
　李志暎　朴雪熙

単語集

DEKIRU出版

本書の音声はスマートフォンでもご利用いただけます。
利用方法の詳細は下記をご参照ください。
http://www.ask-support.com/korean/
右の QR コードからもアクセスできます。

付属 CD-ROM の不具合などについてのお問い合わせ先

アスク出版　ユーザーサポートセンター

　TEL：03-3267-6500

(月〜金 10：00 〜 12：00、13：00 〜 17：00　祝祭日、年末年始、弊社休業日などは除く)

　FAX：03-3267-6868

　E-mail：support@ask-digital.co.jp

※Windows® は米国 Microsoft Corp. の米国およびその他の国における登録商標です。
　Mac OS は米国および他の国々で登録された Apple Inc. の商標です。

はじめに

　『できる韓国語』のテキストが刊行されて今年（2012年）で8年が経とうとしています。お陰さまで多くの学習者の方にご愛用いただき、編集者一同心から御礼申し上げます。この度は、初級学習者の単語学習に役立てていただけるよう、『初級　単語集』を刊行する運びとなりました。本単語集は、『できる韓国語初級Ⅰ・Ⅱ』の学習者はもちろん、様々な形で韓国語を勉強されている初級レベルの学習者のために作られたものです。以下、本単語集の特徴を簡単にご説明いたします。

1．レベル別単語収録：『できる韓国語初級Ⅰ・Ⅱ』の単語をレベル別に収録すると同時に、韓国語能力試験初級の単語、また日常生活に有用な単語などを合わせて収録しました。本単語集は、『できる韓国語初級Ⅰ・Ⅱ』の副教材としてだけでなく、より豊富な初級の語彙習得に役立つよう工夫されています。

2．レベルに合わせた豊富な例文：初級者でもすぐに使えるよう、各レベルの文型に合わせた実用的な例文を豊富に盛り込んでおります。これにより、実際に各々の単語がどのような場面で使われるかを合わせて学習することができます。

3．関連語彙や解説：「＊」の印がついているところには、対義語・類義語などの関連語彙や、多彩な解説がコンパクトに掲載されております。この部分を見ることで、単語に対する知識がより深まります。

4．音声の提供：韓国語・日本語の全ての単語・例文にネイティブの発音音声を提供しております。特に、例文を聞くことで、単語が実際の文章の中でどのように発音の変化を起こすのかを確認することができます。

　単語の学習は、語学学習では最も大切な部分であるため、しっかりと習得していただきたいところです。この単語集を手に取ることで、皆さんがより楽しく、そしてより効率的に韓国語を学習してくださることを願ってやみません。

李志暎・朴雪熙

〈目　次〉

はじめに ……………………………………………………………… 1

本書の構成と使い方 ……………………………………………… 6

1　挨拶 ………………………………………………………… 8

2　応答・相づち ………………………………………… 10

3　人

（1）家族 ……………………………………… 12

（2）親戚／14

（3）人称代名詞／16

（4）人間関係／18

（5）職業① ② ③／20

（6）その他／26

4　場所

（1）世界 ……………………………………… 28

（2）国／30

（3）地域① ②／32

（4）街① ② ③／36

（5）家と周辺／42

（6）学校・会社／44

（7）観光地／46

5　位置・順序

（1）位置 ……………………………………… 48

（2）順序／50

6　生活

（1）仕事① ② ……………………………… 52

（2）日常生活① ②／56

（3）旅行／60

（4）行事／62

（5）伝統行事関連／64

		(6) 感情関連／66	
7	**交通**	(1) 交通 …………………………………………	68
		(2) 乗り物／70	
8	**通信**	(1) 通信 …………………………………………	72
		(2) インターネット／74	
9	**勉強**	(1) 学校生活 ……………………………………	76
		(2) 語学学習／78	
		(3) 科目／80	
		(4) 文具／82	
10	**食生活**	(1) 食事 …………………………………………	84
		(2) 料理① ②／86	
		(3) 飲み物／90	
		(4) 果物／92	
		(5) おやつ／94	
		(6) 肉／96	
		(7) 野菜／98	
		(8) 調味料／100	
11	**家庭用品**	(1) 家具 …………………………………………	102
		(2) 家電／104	
12	**日用品**	(1) 部屋の中 ……………………………………	106
		(2) バス・キッチン／108	
		(3) 携帯品／110	
13	**身体**	(1) 体の部位 ……………………………………	112
		(2) その他／114	
14	**病気関連**	…………………………………………………	116

15	自然	(1) 自然 …………………………………… 118
		(2) 季節・気象／120
		(3) 動物・植物／122

16	娯楽	(1) スポーツ① ② ………………………… 124
		(2) 趣味／128
		(3) 韓流／130

17	ファッション	(1) 衣類 …………………………………… 132
		(2) 衣装・靴／134
		(3) アクセサリー／136
		(4) 色／138

18	指示詞	(1) こ・そ・あ …………………………… 140
		(2) こ・そ・あ関連／142

19	数詞	(1) 漢数詞 ………………………………… 144
		(2) 漢数詞の助数詞／146
		(3) 固有数詞／148
		(4) 固有数詞の助数詞／150

20	時	(1) とき・年 ……………………………… 152
		(2) 月／154
		(3) 週／156
		(4) 一日／158
		(5) 祝日・記念日／160

21	疑問詞関連	(1) 誰・何 ………………………………… 162
		(2) どこ・いつなど／164

22	動詞	(1)〈初級Ⅰ〉動詞① ② ③ ④ …………… 166
		(2)〈初級Ⅱ〉動詞① ② ③ ④ ⑤ ⑥ ⑦／174

(3) 〈敬語〉／188

(4) 〈ㄹ不規則活用〉／190

(5) 〈으不規則活用〉／192

(6) 〈ㄷ/ㅂ不規則活用〉／193

(7) 〈ㅅ不規則活用〉／194

(8) 〈르不規則活用〉／195

(9) 〈－하다〉動詞① ② ③ ④ ⑤／196

23 形容詞

(1) 〈初級Ⅰ〉形容詞 ………………………… 206

(2) 〈初級Ⅱ〉形容詞／208

(3) 〈ㄹ/르不規則活用〉／210

(4) 〈으不規則活用〉／211

(5) 〈ㅂ不規則活用〉① ②／212

(6) 〈ㅎ不規則活用〉／215

(7) 〈－하다〉形容詞① ②／216

24 副詞

(1) 頻度 ………………………………………… 220

(2) 時間／222

(3) 程度／224

(4) その他／226

25 接続詞 ……………………………………………… 228

26 助詞 ……………………………………………… 230

27 慣用的な表現 ………………………………………… 232

28 擬声語・擬態語 ……………………………………… 234

〈参考〉用言の活用／不規則活用のまとめ ……………………… 236

〈索引〉日韓索引 …………………………………………… 238

韓日索引 …………………………………………… 262

本書の構成と使い方

- 本書は以下のように構成されています。次の項目別説明に合わせてご覧ください。

- 索引は「日韓索引」と「韓日索引」の両方から引くことができます。

1. **カテゴリー&サブタイトル**：単語を 28 項目のカテゴリーに分け、それぞれをより細かく分類、サブタイトルを付けました。カテゴリーは名詞と動詞、形容詞、助詞、副詞、接続詞、疑問詞に分けています。

2. **チェックボックス**：単語暗記の確認にお使いください。付属の赤

いシートで単語を隠しながら、或いは音声を聞きながら、覚えられなかった単語にチェックを入れて、重点的に覚えましょう。

3 レベル表記：『できる韓国語初級Ⅰ・Ⅱ』の単語を、それぞれ❶と❷で表示しています。また、韓国語能力試験初級の単語や日常生活で必要な単語を選び、筆者の判断でレベルを表記しています。

4 単語：日本語訳と韓国語単語の順に掲載しています。単語は、初級Ⅰから初級Ⅱの順に、単語同士の関連性を考慮しながら配列しました。

5 例文：韓国語の例文と日本語訳の順に掲載しています。覚えたらすぐに使える実用的な例文を各レベルの文型で表しているので、文型学習にも役立ちます。

6 発音表記：発音の変化が起こる単語を取捨選択して、[　] の中に実際の発音をハングルで表記し、正しい発音の練習ができるようにしました。

7 参考：「＊」のところに、対義語や類義語などの関連単語や解説を記しました。

8 音声トラック番号：付属 CD-ROM に収録されている音声ファイルの番号です。単語（日本語→韓国語）と例文（韓国語→日本語）を聞くことができます。

9 索引の使い方：韓国語→日本語／日本語→韓国語の両方から探せます。辞書代わりの機能だけでなく、赤いシートで単語を隠せるようにし、覚えた単語の確認がまとめてできるようになっています。

★ 「韓日索引」を引くときに、次の子音・母音の順をご参照ください。

（太字は、基本子音と基本母音）

子音順	ㄱ ㄲ ㄴ ㄷ ㄸ ㄹ ㅁ ㅂ ㅃ ㅅ ㅆ ㅇ ㅈ ㅉ ㅊ ㅋ ㅌ ㅍ ㅎ
母音順	ㅏ ㅐ ㅑ ㅒ ㅓ ㅔ ㅕ ㅖ ㅗ ㅘ ㅙ ㅚ ㅛ ㅜ ㅝ ㅞ ㅟ ㅠ ㅡ ㅢ ㅣ

順の例）가 각 간… 개 갸 걔 거… 까 깨… 끼 나 냐…

🎧 002

挨拶

挨拶

☐ ❶ こんにちは　　　　안녕하세요?

＊朝・昼・晩すべての場面で使える。

☐ ❶ お会いできて嬉しいです　만나서 반갑습니다

＊「반갑습니다」だけでも使える。

☐ ❶ はじめまして　　　　처음 뵙겠습니다

＊初対面の時に交わす挨拶。

☐ ❶ お元気でしたか？　　잘 지내셨어요?

＊応答は「네, 잘 지냈어요. (はい、元気でした。)」。

☐ ❶ 行ってらっしゃい　　다녀 오세요

＊大人から子供には使わない。「行ってきます」は「다녀 오겠습니다」。

☐ ❶ ただいま　　　　　　다녀 왔습니다

＊大人から子供には使わない。

☐ ❶ いらっしゃいませ　　어서 오세요

＊よりフォーマルな言い方は「어서 오십시오」。

□ ❶ ありがとうございます　고맙습니다

＊「感謝します」の意味を持つ「감사합니다」も使える。

□ ❶ すみません　미안합니다

＊友人間や目下の人には「미안해(요)」も使える。

□ ❶ 申し訳ありません　죄송합니다

＊「미안합니다」より丁寧な表現で、目上の人にはこの挨拶が望ましい。

□ ❶ おめでとうございます　축하해요

＊目上の人には「축하 드립니다」と言う。

□ ❶ いただきます　잘 먹겠습니다

＊一人で食べる時はあまり使わない。「ご馳走さまでした」は「잘 먹었습니다」。

□ ❶ お疲れ様でした　수고 하셨습니다

＊主に仕事が終わった時の挨拶として使う。

□ ❶ おやすみなさい　안녕히 주무세요

＊友人間や目下の人には「잘 자」。

□ ❶ さようなら　안녕히 가세요 / 계세요

＊その場を去っていく人には「안녕히 가세요」、その場に残る人には「안녕히 계세요」と言う。

□ ❶ また会いましょう　다음에 봐요

＊「봐요」は「見ます」という意味であるが、「会います」の意味を含む。

2 応答・相づち

🎧003

応答・相づち

☐ ❶ **はい** **네 / 예**

例) A：서울은 처음입니까?（ソウルは初めてですか？）
　　B：네, 처음입니다.（はい、初めてです。）

☐ ❶ **いいえ** **아뇨**

例) A：한국 사람입니까?（韓国人ですか？）
　　B：아뇨, 일본 사람입니다.（いいえ、日本人です。）

☐ ❶ **違います** **아니에요**

例) A：이거 수미 씨 거예요?（これ、スミさんのですか？）
　　B：아니에요.（違います。）

☐ ❶ **そうですか？** **그래요?**

例) A：저는 한국 사람이 아니에요.（私は韓国人ではありません。）B：아, 그래요?
（あ、そうですか？）＊「そうです」は文末のイントネーションをさげて「그래요」。

☐ ❶ **さあ…** **글쎄요…**

例) A：저 사람 몇 살이에요?.（あの人おいくつですか？）
　　B：글쎄요, 모르겠어요.（さあ、わかりません。）

☐ ❷ **そうそう** **그래 그래**

例) A：저 사람 노래 너무 잘하지?（あの人歌うまいよね？）B：그래 그래 (そうそう。) ＊友人間で相手の話に強く同感を示したい時に使う。

☐ ❷ **本当ですか？** **정말이요?**

例) A：다음 주에 결혼해요.（来週結婚します。）
　　B：정말이요?（本当ですか？）＊「진짜요?」もよく使う。

10

☐ ❷ もちろんです　　　그럼요　[그럼뇨]

例) A：나중에 전화해도 돼요? (後で電話してもいいですか?)
　　B：그럼요. (もちろんです。)

☐ ❷ その通りです　　맞아요　[마자요]

例) A：한국어는 정말 재미있어요. (韓国語は本当に面白いです。)
　　B：맞아요. (その通りです。) ＊友人間は「맞아 맞아」とも言う。

☐ ❷ 大丈夫です　　괜찮아요　[괜차나요]

例) A：미안해요. (ごめんなさい。) B：괜찮아요. (大丈夫です。)
　　＊謝罪の応答として「천만에요 (とんでもありません。)」も使われる。

☐ ❷ わかりました　　알겠습니다

例) A：나중에 전화 주세요. (後で電話ください。)
　　B：알겠습니다. (わかりました。)

☐ ❷ うん　　응

例) A：집에 가? (家に帰るの?) B：응. (うん。)
　　＊同じ意味の応答で「어」も使える。

☐ ❷ そうなんですね　　그렇군요

例) A：내일부터 출장이에요. (明日から出張です。) B：그렇군요. (そうなんですね。) ＊友人間は「그렇구나 (そうなんだ)」と言う。

☐ ❷ やっぱり／さすが　　역시

例) A：저 사람 서울대에 합격했어요. (あの人、ソウル大に合格しました。) B：역시 대단해요. (やっぱりすごいですね。)

☐ ❷ それで?　　그래서요?

例) A：그 때 아무 말도 못했어요. (あの時何も言えなかったです。) B：그래서요? (それで?) ＊相手の話を促す時に使う。

☐ ❷ けっこうです　　됐어요

例) A：커피 더 드실래요? (コーヒーのお代わりいかがですか?)
　　B：아뇨, 됐어요. (いいえ、けっこうです。) ＊やんわり断る時に使う。

3 人

(1) 家族

□ ❶ 家族 　　　　　가족

例) 가족이 몇 명입니까?
(ご家族は何名ですか？)

□ ❶ 祖父 　　　　　할아버지　[하라버지]

例) 우리 할아버지는 올해 아흔 살이세요. (祖父は今年90歳です。) ＊母方は「외할아버지」、父方は「친할아버지」と使い分ける。

□ ❶ 祖母 　　　　　할머니

例) 할머니는 혼자 사세요. (祖母は一人で住んでいます。)
＊母方は「외할머니」、父方は「친할머니」と使い分ける。

□ ❶ 両親 　　　　　부모님

例) 저는 부모님하고 같이 삽니다.
(私は両親と一緒に住んでいます。)

□ ❶ 父 　　　　　아버지

例) 우리 아버지는 공무원입니다.
(うちの父は公務員です。) ＊「パパ」は「아빠」。

□ ❶ 母 　　　　　어머니

例) 어머니는 주부예요.
(母は主婦です。) ＊「ママ」は「엄마」。

□ ❶ 夫 　　　　　남편

例) 제 후배의 남편입니다.
(私の後輩の夫です。)

☐ ❶ 妻　　　　　　　　**아내**

例）이 사람은 제 아내입니다.
（この人は私の妻です。）＊「와이프 （wife）」とも言う。

☐ ❶ 兄弟　　　　　　　**형제**

例）형제가 어떻게 되세요?
（ご兄弟は？）

☐ ❶ 兄　　　　　　　　**형 / 오빠**

例）형은 없어요. （兄はいません。）＊男性は「형」、女性は「오빠」
と呼ぶ。親しい先輩への呼びかけとしても使える。

☐ ❶ 姉　　　　　　　　**누나 / 언니**

例）누나는 교사예요. （姉は教師です。）＊男性は「누나」、女性は
「언니」と呼ぶ。親しい先輩への呼びかけとしても使える。

☐ ❶ 年下の兄弟　　　　**동생**

例）동생 있어요? （年下の兄弟はいますか？）
＊「弟」は「남동생」、「妹」は「여동생」。

☐ ❶ 息子　　　　　　　**아들**

例）아들이 하나 있어요.
（息子が一人います。）

☐ ❶ 娘　　　　　　　　**딸**

例）딸이 벌써 대학생이에요?
（娘さんはもう大学生ですか？）

☐ ❶ 夫婦　　　　　　　**부부**

例）저희 부부는 대학 때 처음 만났어요.
（私たち夫婦は大学の時、初めて会いました。）

☐ ❶ 孫　　　　　　　　**손자 / 손녀**

例）할머니가 손자를 보고 싶어 합니다. （祖母が孫に会いたがっ
ています。）＊男の孫は「손자」、女の孫は「손녀」。

3

(2) 親戚

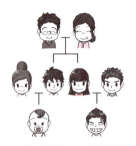

- ❷ **親戚** — 친척

  例) 설날에는 친척들이 모입니다.
  (お正月には親戚が集まります。)

- ❷ **母方の家族** — 외가

  例) 외가에는 아이들이 많아요.
  (母方の家族には子供が多いです。)

- ❷ **父方の家族** — 친가

  例) 우리 친가는 경주에 있어요.
  (うちの父方の家族は慶州にいます。)

- ❷ **伯父（父の兄）** — 큰아버지

  例) 큰아버지는 할머니와 같이 삽니다.
  (伯父は祖母と一緒に住んでいます。)

- ❷ **伯父の妻** — 큰어머니

  例) 큰어머니는 친척들을 위해서 요리를 하십니다.
  (おばは親戚のために料理を作ります。)

- ❷ **叔父（父の弟）** — 작은아버지

  例) 아빠가 막내라서 작은아버지는 없어요.
  (父が末っ子なので叔父がいません。)

- ❷ **叔父の妻** — 작은어머니

  例) 작은어머니가 세뱃돈을 주셨어요.
  (おばがお年玉をくださいました。)

14

- ☐ ❷ 父の女兄弟　　　　**고모**

  例）고모는 시골에 삽니다.
  （おばは田舎に住んでいます。）

- ☐ ❷ 父の女兄弟の夫　　　**고모부**

  例）우리 고모하고 고모부는 사이가 좋아요.
  （うちのおばとおじは仲がいいです。）

- ☐ ❷ 母の女兄弟　　　　**이모**

  例）이모가 여섯 명이나 있습니다.
  （おばが6名もいます。）

- ☐ ❷ 母の女兄弟の夫　　　**이모부**

  例）이모부가 오랜만에 집에 오셨어요.
  （おじが久しぶりに家に来ました。）

- ☐ ❷ 父の弟　　　　　**삼촌**

  例）삼촌은 올 가을에 결혼해요.（おじは今年の秋に結婚します。）
  ＊「삼촌」は、結婚していない父の弟を指す。

- ☐ ❷ 母の男兄弟　　　　**외삼촌**

  例）외삼촌 집에 놀러 갔어요.
  （おじの家に遊びに行きました。）

- ☐ ❷ 従兄弟　　　　　**사촌**

  例）사촌인데 자주 안 만나요.
  （従兄弟なのにあまりよく会いません。）

- ☐ ❷ 甥／姪　　　　　**조카**

  例）저희 집은 남자 조카만 있어요.
  （うちは甥だけいます。）　＊甥・姪は使い分けない。

- ☐ ❷ 夫の妹　　　　　**아가씨**

  例）우리 아가씨는 요리를 못해요.
  （うちの義理の妹は料理ができません。）

3

🎧 006

人
(3) 人称代名詞

☐ ❶ **私**   저

例) 저는 일본 사람입니다.
（私は日本人です。）

☐ ❶ **私の**   제

例) 제 이름은 사토 가즈키입니다.
（私の名前は佐藤和樹です。）

☐ ❶ **私が**   제가

例) 오늘은 제가 약속이 있어요.
（今日は、私が約束があります。）

☐ ❶ **私たち**   우리

例) 우리 반 사람들은 결석을 안 해요.
（私たちのクラスの人は欠席をしません。）

☐ ❶ **私ども**   저희 [저이]

例) 저희 회사는 서울에 있어요.（私どもの会社はソウルにあります。）＊「저희」は、「우리」の謙譲語。

☐ ❷ **皆さん**   여러분

例) 여러분 만나서 반갑습니다.
（皆さん、お会いできて嬉しいです。）

☐ ❷ **私**   나

例) 나는 이게 좋아.
（私はこれが好きだよ。）＊友人間や目下の人に使う。

- ❷ **私の** 　　　　　　　　내

  例）얘는 내 친구야. (この子は私の友達だよ。)
  ＊友人間や目下の人に使う。「私が」は「내가」。

- ❷ **君** 　　　　　　　　너

  例）너는 어디 살아?
  (君はどこに住んでいるの？) ＊友人間や目下の人に使う。

- ❷ **君の** 　　　　　　　　네

  例）네 형은 어디 갔어? (君のお兄さんはどこに行ったの？)
  ＊友人間や目下の人に使い、[니] と発音することが多い。

- ❷ **君たち** 　　　　　　너희　[너이]

  例）너희 언제 왔니?
  (君たちいつ来たの？) ＊友人間や目下の人に使う。

- ❷ **あなた** 　　　　　　당신

  例）전 당신을 모릅니다. (私はあなたのことを知りません。) ＊夫婦
  間の呼びかけの時、或いは知らない人同士の喧嘩の場面で使われる。

- ❷ **あなた** 　　　　　　그대

  例）그대를 사랑합니다. (あなたを愛しています。)
  ＊会話ではあまり使われず、主に歌の歌詞や詩で使われる。

- ❷ **彼** 　　　　　　　　그

  例）그는 아직 오지 않았다.
  (彼はまだ来ていなかった。) ＊3人称代名詞。

- ❷ **彼女** 　　　　　　　그녀

  例）멀리서 그녀가 보였다.
  (遠くから彼女が見えた。) ＊3人称代名詞。

- ❷ **自分** 　　　　　　　자기

  例）자기 일은 자기가 해야 돼요.
  (自分のことは自分でやるべきです。)

3

(4) 人間関係

□ ❶	友達	친구

例) 주말에는 보통 친구를 만나요.
（週末は普通、友達に会います。）

□ ❶	彼氏	남자 친구

例) 유미 씨, 남자 친구 있어요?
（由美さん、彼氏いますか？）

□ ❶	恋人	애인

例) 아직 애인은 없습니다.
（まだ恋人はいないです。）

□ ❶	先輩	선배

例) 저희 학교 선배예요.
（うちの学校の先輩です。）

□ ❶	同僚	동료 [동뇨]

例) 점심은 회사 동료하고 같이 먹어요.
（昼食は会社の同僚と一緒に食べます。）

□ ❶	課長	과장님

例) 과장님, 늦어서 죄송합니다.
（課長、遅くなって申し訳ありません。）

□ ❶	部長	부장님

例) 부장님은 아직 출근 안 하셨어요.
（部長はまだ出勤していません。）

□ ❶ **社長** 　　　사장님

例) 사장님은 지금 계십니까?
（社長は今いらっしゃいますか？）

□ ❶ **お客** 　　　손님

例) 가게에 손님이 많네요.
（店にお客さんが多いですね。）

□ ❶ **おじさん** 　　　아저씨

例) 이웃집 아저씨는 친절해요.
（隣のおじさんは親切です。）

□ ❶ **おばさん** 　　　아주머니

例) 하숙집 아주머니의 요리는 맛있어요.（下宿のおばさんの料理はおいしいです。）＊会話では「아줌마」をよく使う。

□ ❷ **お嬢さん** 　　　아가씨

例) 아가씨, 여기서 가까운 역이 어디예요?（お嬢さん、ここから近い駅はどこですか？）＊主に年配の人が若い女性を呼びかける時に使う。

□ ❷ **目上の人** 　　　웃어른　[우더른]

例) 웃어른께는 존댓말을 써야 돼요.
（目上の人には敬語を使わなければなりません。）

□ ❷ **持ち主** 　　　주인

例) 이 집 주인은 어디에 살아요?（この家の持ち主はどこに住んでいますか？）＊「주인」は「主人」の読み。

□ ❷ **上司** 　　　상사

例) 길에서 예전의 직장 상사를 만났어요.
（道で以前の職場の上司に会いました。）

□ ❷ **婚約者** 　　　약혼자　[야콘자]

例) 제 약혼자입니다. 곧 결혼할 거예요.
（私の婚約者です。もうすぐ結婚するつもりです。）

3 人

(5) 職業①

🎧 008

□ ❶ **学生**   학생 [학쌩]

例) 학생이세요?
（学生さんですか？）

□ ❶ **小学生**   초등학생

例) 우리 딸은 초등학생이에요.
（うちの娘は小学生です。）

□ ❶ **中学生**   중학생

例) 그 때 저는 중학생이었어요.
（その時、私は中学生でした。）

□ ❶ **高校生**   고등학생

例) 한국 고등학생은 보통 대학 입시 준비를 해요.（韓国の高校生は普通大学入試の準備をします。）＊「고등학생」は「高等学生」の読み。

□ ❶ **大学生**   대학생

例) 대학생 때 아르바이트를 많이 했어요.
（大学生の時、アルバイトをたくさんしました。）

□ ❶ **大学院生**   대학원생

例) 요즘은 대학원생들이 아주 많습니다.
（最近は大学院生がとても多いです。）

□ ❶ **留学生**   유학생

例) 혹시 유학생이세요?
（もしかして留学生ですか？）

□ ❶ **教師** 교사

例）제 꿈은 교사예요.
（私の夢は教師です。）

□ ❶ **先生** 선생님

例）저희 선생님은 한국 사람이에요.
（うちの先生は韓国人です。）

□ ❶ **会社員** 회사원

例）이 식당은 점심 때 회사원들이 많아요.
（この食堂はお昼の時、会社員が多いです。）

□ ❶ **秘書** 비서

例）회장님 비서는 매일 늦게까지 일해요.
（会長の秘書は毎日遅くまで働きます。）

□ ❶ **公務員** 공무원

例）공무원은 보통 다섯 시에 일이 끝나요.
（公務員は普通5時に仕事が終わります。）

□ ❷ **講師** 강사

例）저는 일본어 강사예요.
（私は日本語の講師です。）＊呼びかける時は「강사님」。

□ ❷ **教授** 교수

例）지도 교수님 논문을 읽었어요?（指導教授の論文を読みましたか？）＊呼びかける時は「교수님」。

□ ❷ **事務職** 사무직

例）회사에서 사무직 일을 하고 있습니다.
（会社で事務職の仕事をしています。）

□ ❷ **職業** 직업 [지겁]

例）직업이 어떻게 되세요?
（お仕事は何でしょうか？）＊職業を尋ねる時に使う。

3

人
(5) 職業②

- ❶ 芸能人 — 연예인

  例) 공항에서 연예인을 봤어요.
  (空港で芸能人を見ました。)

- ❶ 映画俳優 — 영화배우

  例) 영화배우 중에서 누구를 좋아해요?
  (映画俳優の中で誰が好きですか?)

- ❶ アナウンサー — 아나운서

  例) 아나운서가 너무 예뻐요.
  (アナウンサーがすごくかわいいです。)

- ❶ お笑い芸人 — 개그맨

  例) 개그맨은 말이 너무 빠릅니다.
  (お笑い芸人はとても早口です。)

- ❶ 歌手 — 가수

  例) 요즘 한국 가수들이 인기기 많아요.
  (最近、韓国の歌手の人気が高いです。)

- ❶ 監督 — 감독

  例) 이 영화 감독이 누구예요?
  (この映画の監督は誰ですか?)

- ❶ スポーツ選手 — 스포츠 선수

  例) 스포츠 선수의 생활은 어때요? (スポーツ選手の生活はどうですか?) *「운동선수(運動選手)」とも言う。

□ ❶ タレント　　　탤런트

例）저 사람은 가수예요? 탤런트예요?（あの人は歌手ですか？タレントですか？）＊「탤런트」は、主にドラマに出る役者を指す。

□ ❶ モデル　　　모델

例）모델이라서 스타일이 좋아요.
（モデルなのでスタイルがいいです。）

□ ❷ レポーター　　　리포터

例）방송 리포터 일을 해 보고 싶어요.
（放送レポーターの仕事をしてみたいです。）

□ ❷ 記者　　　기자

例）저는 신문 기자가 되고 싶어요.
（私は新聞記者になりたいです。）

□ ❷ 音楽家　　　음악가　[으막까]

例）베토벤은 위대한 음악가입니다.
（ベートーヴェンは偉大な音楽家です。）

□ ❷ 小説家　　　소설가

例）일본 소설가 사인회가 있어요.
（日本の小説家のサイン会があります。）

□ ❷ 作家　　　작가

例）그 드라마의 작가는 누구예요?
（そのドラマの作家は誰ですか？）

□ ❷ 画家　　　화가

例）한국에서 유명한 화가는 누구예요?
（韓国で有名な画家は誰ですか？）

□ ❷ デザイナー　　　디자이너

例）패션 디자이너가 되고 싶어요.
（ファッションデザイナーになりたいです。）

3

人
(5)
職業③

□ ❶ **銀行員**   은행원 [으냉원]

例) 은행원은 보통 몇 시까지 일해요?
（銀行員は普通何時まで働きますか？）

□ ❶ **医者**   의사

例) 시골에는 의사가 많이 부족합니다.
（田舎には医者がとても不足しています。）

□ ❶ **看護師**   간호사 [가노사]

例) 간호사 일은 안 힘드세요?
（看護師の仕事は大変ではないですか？）

□ ❶ **薬剤師**   약사

例) 약사한테 약을 받으세요.
（薬剤師に薬をもらってください。）＊「약사」は「薬師」の読み。

□ ❶ **自営業者**   자영업자

例) 요즘 자영업자가 늘고 있습니다.
（最近、自営業者が増えています。）

□ ❶ **店員**   점원 [저원]

例) 이 가게의 점원들은 친절합니다.
（この店の店員は親切です。）＊「종업원（従業員）」とも言う。

□ ❶ **アルバイト**   아르바이트

例) 유학생 때 식당에서 아르바이트를 했어요.
（留学生の時、食堂でアルバイトをしました。）

☐ ❶ **料理人** 　　　　요리사

例）제 꿈은 일식 요리사예요.
（私の夢は和食の料理人です。）

☐ ❶ **主婦** 　　　　주부

例）사실은 주부가 제일 바빠요.
（実は、主婦がいちばん忙しいです。）

☐ ❷ **弁護士** 　　　　변호사

例）아는 사람 중에 변호사 있어요?
（知り合いの中で弁護士はいますか？）

☐ ❷ **検事** 　　　　검사

例）검사가 되려면 어떻게 하면 돼요?
（検事になるためにはどうすればいいですか？）

☐ ❷ **運転手** 　　　　운전사

例）택시 운전사가 일본 사람이냐고 물었어요.
（タクシー運転手さんが日本人かと聞きました。）

☐ ❷ **警察官** 　　　　경찰관

例）경찰관 두 명이 많이 다쳤습니다.
（警察官2名が大けがをしました。）

☐ ❷ **軍人** 　　　　군인

例）군인은 남자다워 보여요.
（軍人は男らしく見えます。）

☐ ❷ **実業家** 　　　　사업가

例）커서 사업가가 되고 싶어요.（大きくなって実業家になりたいです。）＊「사업가」は「事業家」の読み。

☐ ❷ **アシスタント** 　　　　도우미

例）올림픽 때 통역 도우미를 했어요.（オリンピックの時、通訳のアシスタントをしました。）＊「돕다（助ける）」から派生した言葉で、「お手伝いさん」の意味としても使う。

3

人

(6) その他

□ ❶ 人　　　사람

例) 사람이 많네요.
（人が多いですね。）

□ ❶ 男　　　남자

例) 남자 선생님은 별로 없습니다.
（男の先生はあまりいません。）

□ ❶ 女　　　여자

例) 이 디자인은 여자들에게 인기가 있어요.
（このデザインは女性に人気があります。）

□ ❶ 子供　　　아이

例) 아이는 있으세요?
（お子さんはいらっしゃいますか？）

□ ❶ 大人　　　어른

例) 어른 입장료는 얼마에요? （大人の入場料はいくらですか？）
＊「子供の入場料」は「어린이 입장료」。

□ ❶ ～さん　　　～씨

例) 김민수 씨 전화 받으세요.
（金ミンスさん、お電話です。）

□ ❶ ～方　　　～분

例) 혹시 한국 분이세요?
（もしかして、韓国の方ですか？）

□ ❶ 知り合い　　　　　아는 사람

例）저 사람 아는 사람이에요?
（あの人、知り合いですか？）

□ ❶ 外国人　　　　　외국인

例）신주쿠에는 외국인이 많이 살아요.
（新宿には外国人が多く住んでいます。）

□ ❶ 日本人　　　　　일본 사람

例）일본 사람이지만 한국말을 잘해요.
（日本人ですが、韓国語が上手です。）

□ ❶ 韓国人　　　　　한국 사람

例）남자 친구는 한국 사람이에요.
（彼氏は韓国人です。）＊「韓国の方」は「한국 분」。

□ ❶ 中国人　　　　　중국 사람

例）요즘 관광지에 중국 사람이 많이 옵니다.
（最近、観光地に中国人がたくさん来ます。）

□ ❶ 在日韓国人　　　재일 교포

例）저는 재일 교포 삼 세입니다.
（私は在日3世です。）＊「재일 교포」は「在日僑胞」の読み。

□ ❷ 男女　　　　　　남녀

例）고등학교는 남녀공학이었어요.
（高校は男女共学でした。）

□ ❷ 赤ちゃん　　　　아기

例）아기가 너무 예뻐요.
（赤ちゃんがすごく可愛いです。）＊「애기」とも言う。

□ ❷ 職員　　　　　　직원　[지권]

例）저희 회사 직원은 한 열 명 정도예요.
（うちの会社の職員は約10名ぐらいです。）

4 場所

(1) 世界

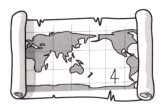

- ❶ **外国** — 외국

  例) 저 가게에는 외국 물건을 많이 팔아요.
  (あの店では外国のものをたくさん売っています。)

- ❶ **海外** — 해외

  例) 해외 여행을 가고 싶어요.
  (海外旅行に行きたいです。)

- ❷ **世界** — 세계

  例) 교실에 세계지도가 붙어 있어요.
  (教室に世界地図が貼ってあります。)

- ❷ **国際** — 국제 [국쩨]

  例) 국제 공항은 어디에 있어요?
  (国際空港はどこにありますか？)

- ❷ **東洋** — 동양

  例) 베트남의 호치민시는 동양의 파리라고 해요.
  (ベトナムのホーチミン市は東洋のパリだそうです。)

- ❷ **西洋** — 서양

  例) 동양과 서양의 문화 차이에 대하여.
  (東洋と西洋の文化の違いについて。)

- ❷ **アジア** — 아시아

  例) 우리는 같은 아시아 사람이잖아요.
  (私たちは同じアジア人じゃないですか。)

□ ❷ **東南アジア**　　　동남아시아

例) 휴가 때 동남아시아에 갔다 왔어요.
（休暇に東南アジアに行ってきました。）

□ ❷ **中央アジア**　　　중앙아시아

例) 중앙아시아에는 어떤 나라가 있어요?
（中央アジアにはどんな国がありますか？）

□ ❷ **ヨーロッパ**　　　유럽

例) 유럽에는 한 번도 안 가 봤어요.
（ヨーロッパには一度も行ってみたことがありません。）

□ ❷ **北米**　　　북미　[붕미]

例) 자동차를 북미 지역으로 수출합니다.
（自動車を北米地域に輸出します。）

□ ❷ **南米**　　　남미

例) 남미에서도 한국 가요가 인기예요?
（南米でも韓国歌謡が人気ですか？）

□ ❷ **太平洋**　　　태평양

例) 배를 타고 태평양을 건너 보고 싶어요.
（船に乗って太平洋を渡ってみたいです。）

□ ❷ **大西洋**　　　대서양

例) 대서양은 세계에서 두 번째로 큰 바다예요.
（大西洋は世界で2番目に大きい海です。）

□ ❷ **北極**　　　북극

例) 북극에는 어떤 동물이 살아요?
（北極にはどんな動物が住んでいますか？）

□ ❷ **南極**　　　남극

例) 남극이 북극보다 춥다고 합니다.
（南極が北極より寒いそうです。）

🎧 013

場所

(2) 国

- [ ] ❶ 国 　　　　나라

  例) 여러 나라에 가 보고 싶어요.
  (いろんな国へ行ってみたいです。)

- [ ] ❶ 韓国 　　　한국

  例) 한국까지 정말 가깝습니다.
  (韓国まで本当に近いです。)

- [ ] ❶ 日本 　　　일본

  例) 일본은 한국보다 덥습니까?
  (日本は韓国より暑いですか？)

- [ ] ❶ 中国 　　　중국

  例) 중국은 꽤 넓습니다.
  (中国はかなり広いです。)

- [ ] ❶ アメリカ 　미국

  例) 미국에 친구가 살아요.
  (アメリカに友達が住んでいます。)

- [ ] ❶ イギリス 　영국

  例) 영국은 비가 자주 옵니다.
  (イギリスは雨がよく降ります。)

- [ ] ❶ 台湾 　　　대만

  例) 어머니는 대만 음식을 좋아하셨습니다.
  (母は台湾の料理が好きでした。)

□ ❶ タイ 태국

例）태국에는 사원이 많아요.
（タイには寺院が多いです。）

□ ❶ モンゴル 몽골

例）저 스모 선수는 몽골 사람입니다.
（あの力士はモンゴル人です。）

□ ❶ ロシア 러시아

例）도쿄에는 러시아 식당도 있어요.
（東京にはロシア料理店もあります。）

□ ❶ オーストラリア 호주

例）호주에서 영어 공부를 했어요.（オーストラリアで英語を勉強
しました。）＊「호주」は「豪州」の読み。

□ ❶ ドイツ 독일 [도길]

例）독일에서는 맥주가 맛있었어요.
（ドイツではビールがおいしかったです。）

□ ❶ カナダ 캐나다

例）캐나다의 겨울은 정말 춥습니다.
（カナダの冬は本当に寒いです。）

□ ❶ フランス 프랑스

例）프랑스는 와인이 유명합니다.
（フランスはワインが有名です。）

□ ❶ イタリア 이탈리아

例）이탈리아 요리를 먹으러 갑시다.
（イタリア料理を食べに行きましょう。）

□ ❶ オランダ 네덜란드

例）네덜란드는 튤립이 유명해요.
（オランダはチューリップが有名です。）

4
場所

4  (3) 地域①／韓国

- ① **国内** 　　　국내　[궁내]

  例) 국내 여행도 즐겁습니다.
  （国内旅行も楽しいです。）

- ① **首都** 　　　수도

  例) 미국의 수도는 워싱턴입니다.
  （アメリカの首都はワシントンです。）

- ① **都市** 　　　도시

  例) 도시 생활은 편리합니다.
  （都市生活は便利です。）

- ① **市内** 　　　시내

  例) 토요일 오후는 시내가 너무 복잡해요.
  （土曜日の午後は市内がとても混んでいます。）

- ① **地方** 　　　지방

  例) 지방으로 출장을 갑니다.
  （地方へ出張に行きます。）

- ① **田舎** 　　　시골

  例) 노후에는 시골에서 살고 싶어요.
  （老後は田舎で暮らしたいです。）

- ① **故郷** 　　　고향

  例) 고향이 어디예요?
  （故郷はどこですか？）

□ ❶ ソウル 　　　서울

例) 서울의 인구는 약 천만 명입니다.
（ソウルの人口は約一千万人です。）

□ ❶ 仁川 　　　인천

例) 인천 공항은 넓고 깨끗합니다.
（仁川空港は広くてきれいです。）

□ ❶ 釜山 　　　부산

例) 부산도 관광지로 유명합니다.
（釜山も観光地として有名です。）

□ ❶ 慶州 　　　경주

例) 경주는 역사의 도시입니다.
（慶州は歴史の都市です。）

□ ❶ 済州島 　　　제주도

例) 예전에는 신혼여행으로 제주도에 많이 갔습니다.
（以前は新婚旅行で済州島によく行きました。）

□ ❶ 明洞 　　　명동

例) 명동에는 옷 가게가 많아서 자주 쇼핑하러 가요.
（明洞には洋服の店が多くてよく買い物に行きます。）

□ ❶ 江南 　　　강남

例) 강남에는 빌딩이 많아요.
（江南にはビルが多いです。）

□ ❶ 鐘路 　　　종로　[종노]

例) 종로는 시청에서 가깝습니다.
（鐘路は市庁から近いです。）

□ ❶ 仁寺洞 　　　인사동

例) 인사동에 가면 전통찻집에 꼭 가요.
（仁寺洞に行ったら伝統喫茶店に必ず行きます。）

場所

(3) 地域②／日本

🎧 015

☐ ❶ **北海道**   홋카이도

例) 홋카이도 음식은 맛있습니다.
（北海道の食べ物はおいしいです。）

☐ ❶ **九州**   규슈

例) 규슈에서 서울까지 두 시간도 안 걸립니다.
（九州からソウルまで2時間もかかりません。）

☐ ❶ **東京**   도쿄

例) 도쿄의 스카이트리를 보러 갈까요?
（東京のスカイツリーを見に行きましょうか？）

☐ ❶ **千葉**   지바

例) 디즈니랜드는 지바에 있어요.
（ディズニーランドは千葉にあります。）

☐ ❶ **埼玉**   사이타마

例) 회사는 도쿄지만 집은 사이타마예요.
（会社は東京だけど、家は埼玉です。）

☐ ❶ **静岡**   시즈오카

例) 후지산은 시즈오카현에 있어요?
（富士山は静岡県にありますか？）

☐ ❶ **大阪**   오사카

例) 오사카에 가면 다코야키를 먹고 싶어요.
（大阪に行ったら、たこ焼きが食べたいです。）

☐ ❶ 京都　　　　　교토

例）교토는 한국의 경주하고 비슷해요.
（京都は韓国の慶州と似ています。）

☐ ❶ 熊本　　　　　구마모토

例）작년에 구마모토의 아소산에 갔다 왔어요.
（去年、熊本の阿蘇山に行ってきました。）

☐ ❶ 広島　　　　　히로시마

例）히로시마의 오코노미야키가 맛있었어요.
（広島のお好み焼きがおいしかったです。）

☐ ❶ 福岡　　　　　후쿠오카

例）후쿠오카에서 부산까지 배로 갈 수 있어요.
（福岡から釜山まで船で行けます。）

☐ ❶ 沖縄　　　　　오키나와

例）오키나와의 바다는 정말 아름답습니다.
（沖縄の海は本当に美しいです。）

☐ ❶ 新宿　　　　　신주쿠

例）신주쿠는 사람들이 많아서 복잡합니다.
（新宿は人が多くて混んでいます。）

☐ ❶ 大久保　　　　오쿠보

例）오쿠보에서는 여러 나라의 음식을 먹을 수 있어요.
（大久保ではいろいろな国の料理が食べられます。）

☐ ❶ お台場　　　　오다이바

例）오다이바에서 자유의 여신상을 봤어요.
（お台場で自由の女神像を見ました。）

☐ ❶ 銀座　　　　　긴자

例）긴자에서 가부키를 봤어요.
（銀座で歌舞伎を見ました。）

4

場所

場所

(4) 街①

- ❶ **食堂**   **식당** [식땅]

  例) 점심 식사는 주로 회사 식당에서 먹어요.
  (お昼は主に会社の食堂で食べます。)

- ❶ **飲食店**   **음식점** [음식쩜]

  例) 이 근처에는 음식점이 많네요.
  (この近くには飲食店が多いですね。)

- ❶ **レストラン**   **레스토랑**

  例) 레스토랑에서 스테이크를 먹었어요.
  (レストランでステーキを食べました。)

- ❶ **カフェ**   **카페**

  例) 카페에서 커피라도 마실까요?
  (カフェでコーヒーでも飲みましょうか。) ＊「커피숍」も使う。

- ❶ **コンビニ**   **편의점** [펴니점]

  例) 집 앞에 편의점이 있어서 편리해요. (家の前にコンビニがあって便利です。) ＊「편의점」は「便宜店」の読み。

- ❶ **スーパー**   **슈퍼마켓**

  例) 자전거를 타고 슈퍼마켓에 가요.
  (自転車に乗ってスーパーに行きます。)

- ❶ **大型スーパー**   **마트**

  例) 이 김은 한국 마트에서 샀어요.
  (この海苔は韓国の大型スーパーで買いました。)

□ ❶ デパート　　　백화점　[배콰점]

例）쇼핑은 주로 백화점에서 해요?
（ショッピングは主にデパートでしますか？）

□ ❶ 銀行　　　은행　[으냉]

例）토요일도 은행 해요?
（土曜日も銀行はやっていますか？）

□ ❶ 郵便局　　　우체국

例）우체국은 전철역 옆에 있어요.
（郵便局は駅の隣にあります。）

□ ❶ 病院　　　병원

例）감기가 심해서 병원에 갔어요.
（風邪がひどくて病院に行きました。）

□ ❶ 映画館　　　영화관

例）영화관에 혼자서는 안 가요?
（映画館に一人では行かないですか？）

□ ❶ 劇場　　　극장

例）극장에서 뮤지컬을 봤어요.
（劇場でミュージカルを見ました。）＊「映画館」の意味も含む。

□ ❶ 美容室　　　미용실

例）미용실에는 한 달에 한 번 가요.
（美容室には月に一回行きます。）

□ ❶ スポーツセンター　　　스포츠센터

例）스포츠센터에서 요가도 해요.
（スポーツセンターでヨガもします。）

□ ❶ プール　　　수영장

例）일본 초등학교에는 수영장이 있어요?（日本の小学校には
プールがありますか？）＊「수영장」は「水泳場」の読み。

4
場
所

4 場所

(4) 街②

- ❶ 店 — 가게

  例) 저건 무슨 가게예요?
  (あれは何の店ですか？)

- ❶ カラオケ — 노래방

  例) 가족들하고 오래간만에 노래방에 갔어요.
  (家族と久々にカラオケに行きました。)

- ❶ ネットカフェ — PC방

  例) PC방에는 보통 게임을 하러 가요.
  (ネットカフェには普通ゲームをしに行きます。)

- ❶ 薬局 — 약국

  例) 병원에서 진찰을 받고 약국으로 가세요.
  (病院で診察を受けて薬局に行ってください。)

- ❷ 花屋 — 꽃집 [꼳찝]

  例) 일본에는 꽃집이 많은 것 같아요.
  (日本には花屋が多いようです。)

- ❷ パン屋 — 빵집 [빵찝]

  例) 이 빵집은 식빵이 유명해요.
  (このパン屋は食パンが有名です。)

- ❷ 居酒屋 — 술집 [술찝]

  例) 그 술집은 몇 시까지 해요?
  (その居酒屋は何時までやっていますか？)

□ ❷ **中華料理店** 중국집

例) 중국집에서는 주로 짜장면을 시켜요.
（中華料理店では主にジャージャー麺を注文します。）

□ ❷ **チムジルバン** 찜질방

例) 왜 찜질방에서는 삶은 달걀을 먹어요?
（なぜチムジルバンではゆで卵を食べますか？）

□ ❷ **クリーニング店** 세탁소

例) 한국 세탁소에서는 세탁한 후에 돈을 내요.
（韓国のクリーニング店では洗濯した後にお金を払います。）

□ ❷ **文房具店** 문방구

例) 요즘 문방구에 가면 재미있는 것들이 많이 있어요.
（最近文房具店に行くと、面白いものがたくさんあります。）

□ ❷ **不動産屋** 부동산

例) 집을 구하려고 부동산에 갔어요.
（家を探そうと思って不動産屋へ行きました。）

□ ❷ **警察署** 경찰서

例) 길을 모르면 경찰서에서 물어 보기도 해요.
（道がわからなかったら警察署で聞いたりもします。）

□ ❷ **歯科** 치과 [치꽈]

例) 치과에는 정기적으로 가는 게 좋아요.
（歯科には定期的に行ったほうがいいです。）

□ ❷ **内科** 내과 [내꽈]

例) 이 동네에 내과 있어요? (この町に内科はありますか？) ＊「外科」は「외과」、「耳鼻科」は「이비인후과」、「眼科」は「안과」、「小児科」は「소아과」。

□ ❷ **美容整形外科** 성형외과

例) 서울에는 정말 성형외과가 많아요?
（ソウルには本当に美容整形外科が多いですか？）

4 場所

(4) 街③

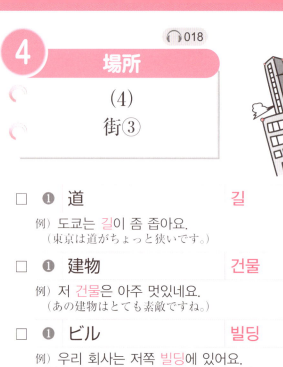

□ ❶ 道 　　　　길

例) 도쿄는 길이 좀 좁아요.
（東京は道がちょっと狭いです。）

□ ❶ 建物 　　　　건물

例) 저 건물은 아주 멋있네요.
（あの建物はとても素敵ですね。）

□ ❶ ビル 　　　　빌딩

例) 우리 회사는 저쪽 빌딩에 있어요.
（うちの会社はあちらのビルにあります。）

□ ❶ マンション 　　　　아파트

例) 서울 사람들은 거의 아파트에 살아요? （ソウルの人達はほとんどマンションに住んでいますか？） ＊「아파트」は「アパート」の読み。

□ ❶ 塾 　　　　학원 [하권]

例) 저는 한국어 학원에 다니고 딸은 피아노 학원에 다녀요. （私は韓国語教室に通っていて、娘はピアノの塾に通っています。） ＊「학원」は「学院」の読みで、語学教室や稽古教室など幅広く使われる。

□ ❶ 会館 　　　　회관

例) 결혼식은 동네 회관에서 해요.
（結婚式は近所の会館でやります。）

□ ❶ 市場 　　　　시장

例) 백화점보다 시장이 훨씬 싸요.
（デパートより市場のほうがずっと安いです。）

□ ❶ **公園** 　　　**공원**

例）날씨가 좋아서 공원에서 산책했어요. （天気がよかったので
公園で散歩しました。） ＊子供の遊具がある公園は「놀이터」。

□ ❶ **ホテル** 　　　**호텔**

例）어느 호텔에서 묵으세요?
（どのホテルにお泊りですか？）

□ ❷ **通り** 　　　**거리**

例）크리스마스 때는 거리가 화려해요.
（クリスマスの時は、通りが華やかです。）

□ ❷ **十字路** 　　　**사거리**

例）사거리에서 오른쪽으로 꺾어 주세요.
（十字路で右に曲がってください。）

□ ❷ **住宅** 　　　**주택**

例）우리 집은 목조 주택이라서 겨울에 추워요.
（うちは木造住宅なので冬は寒いです。）

□ ❷ **教会** 　　　**교회**

例）한국에는 교회가 많은 것 같아요.
（韓国には教会が多いみたいです。）

□ ❷ **市庁** 　　　**시청**

例）시청 앞에 있는 광장에 가 봤어요?
（市庁の前にある広場に行ってみましたか？）

□ ❷ **大使館** 　　　**대사관**

例）대사관 앞에 경찰들이 많이 서 있네요.
（大使館の前に警察官がたくさん立っていますね。）

□ ❷ **放送局** 　　　**방송국**

例）방송국에서 취재 나온 것 같아요.
（放送局から取材に来ているみたいです。）

場所

(5) 家と周辺

🎧 019

□ ❶ 家 　　　　　집

例) 집이 어디예요?
（家はどこですか？）

□ ❶ 近所 　　　　근처

例) 이 근처에 전철역이 있어요?
（この近所に駅はありますか？）

□ ❶ 我が家 　　　우리 집

例) 우리 집에 놀러 오세요.
（我が家に遊びに来てください。）

□ ❶ 下宿 　　　　하숙집

例) 대학 근처의 하숙집을 찾고 있어요.
（大学近くの下宿を探しています。）

□ ❶ 部屋 　　　　방

例) 아이 방을 만들고 싶어요.
（子供部屋を作りたいです。）

□ ❷ 周辺 　　　　주변

例) 집 주변이 좀 시끄러워요.
（家の周辺がちょっとうるさいです。）

□ ❷ 町 　　　　　동네

例) 이 동네는 살기 좋은 것 같아요.
（この町は住みやすいと思います。）　＊「町内」のニュアンスを含む。

- ❷ **路地** **골목**

  例) 이 골목으로 가면 더 빨라요.
  （この路地で行けばもっと速いです。）

- ❷ **児童公園** **놀이터**

  例) 집 앞에 놀이터가 있어서 아이하고 자주 가요.
  （家の前に児童公園があるので子供としょっちゅう行きます。）

- ❷ **寮** **기숙사**

  例) 그 대학에는 기숙사가 있어요? （その大学には寮があります
  か？） ＊「기숙사」は「寄宿舎」の読み。

- ❷ **台所** **부엌**

  例) 옛날 집은 부엌이 따로 있었어요.
  （昔の家は台所が別にありました。）

- ❷ **リビング** **거실**

  例) 한국 집은 온돌이라서 거실도 따뜻해요.
  （韓国の家はオンドルなのでリビングも暖かいです。）

- ❷ **浴室** **욕실**

  例) 한국 사람은 욕실에서 주로 샤워만 해요.
  （韓国人は浴室で主にシャワーだけ浴びます。）

- ❷ **トイレ** **화장실**

  例) 일본 집은 화장실과 욕실이 대개 따로 있어요.
  （日本の家はトイレと浴室がたいてい別にあります。）

- ❷ **ベランダ** **베란다**

  例) 베란다에 빨래를 널었어요.
  （ベランダに洗濯物を干しました。）

- ❷ **庭** **마당**

  例) 아이들이 마당에서 놀 수 있어서 좋아요.
  （子供達が庭で遊べるのでいいです。）

4 場所

🎧 020

(6) 学校・会社

- **❶ 学校**   학교 [학꾜]

  例) 토요일에도 학교에 가요?
  （土曜日も学校へ行きますか？）

- **❶ 小学校**   초등학교

  例) 어디 초등학교에 다녀요?
  （どこの小学校に通っていますか？）

- **❶ 中学校**   중학교

  例) 중학교 때는 수학을 잘했어요.
  （中学校の時は、数学が得意でした。）

- **❶ 高校**   고등학교

  例) 고등학교에서 제이외국어를 배워요.（高校で第2外国語を習います。）＊「고등학교」は「高等学校」の読み。

- **❶ 大学**   대학교

  例) 대학교 때는 무슨 동아리였어요?（大学の時は、何のサークルでしたか？）＊「대학」は学部や短期大学の意味で使われる。

- **❶ 大学院**   대학원

  例) 졸업 후에는 대학원에 들어가고 싶어요.
  （卒業後には大学院に入りたいです。）

- **❶ 教室**   교실

  例) 교실은 삼 층입니다.
  （教室は3階です。）

□ ❶ **図書館** 　　　　　도서관

例) 책 빌리러 도서관에 가요.
（本を借りに図書館に行きます。）

□ ❶ **学生食堂** 　　　　학생 식당

例) 다른 곳보다 학생 식당이 더 싸죠?
（他のところより学生食堂のほうがもっと安いでしょう？）

□ ❶ **会社** 　　　　　　회사

例) 무슨 회사에서 일해요?
（どんな会社で働いていますか？）

□ ❷ **幼稚園** 　　　　　유치원

例) 유치원 아이들이 너무 귀여워요.
（幼稚園の子供達がとても可愛いです。）

□ ❷ **運動場** 　　　　　운동장

例) 학교 운동장이 잔디네요.
（学校の運動場が芝生ですね。）

□ ❷ **正門** 　　　　　　정문

例) 주말에는 학교 정문만 이용할 수 있습니다.
（週末には学校の正門だけ利用できます。）

□ ❷ **大企業** 　　　　　대기업

例) 남동생은 대기업에 들어가고 싶어해요.
（弟は大企業に入りたがります。）

□ ❷ **事務室** 　　　　　사무실

例) 사무실은 몇 층이에요?
（事務室は何階ですか？）

□ ❷ **社内** 　　　　　　사내

例) 사내에 식당이 없어서 주로 밖에서 먹어요.
（社内に食堂がなくて主に外で食べます。）

場所

(7)
観光地

- ❶ 観光地 　　　　　관광지

  例) 유명한 관광지를 가르쳐 주세요.
  (有名な観光地を教えてください。)

- ❶ 博物館 　　　　　박물관　[방물관]

  例) 박물관에는 꼭 가고 싶어요.
  (博物館にはぜひ行きたいです。)

- ❶ 美術館 　　　　　미술관

  例) 서울에는 어디에 미술관이 있어요?
  (ソウルにはどこに美術館がありますか?)

- ❶ 動物園 　　　　　동물원

  例) 판다를 보러 우에노 동물원에 갔어요.
  (パンダを見に上野動物園に行きました。)

- ❶ スキー場 　　　　스키장

  例) 스키장은 어디가 유명해요?
  (スキー場はどこが有名ですか?)

- ❶ 温泉 　　　　　　온천

  例) 한국에도 온천이 있어요?
  (韓国にも温泉がありますか?)

- ❶ 南山 　　　　　　남산

  例) 남산에 가면 서울타워를 볼 수 있어요.
  (南山に行けば、ソウルタワーが見られます。)

□ ❶ **南大門市場** 남대문시장

例）남대문시장에서 쇼핑하고 왔어요.
（南大門市場でショッピングしてきました。）

□ ❶ **景福宮** 경복궁 [경복꿍]

例）경복궁 앞에서 사진을 찍고 싶어요.
（景福宮の前で写真を撮りたいです。）

□ ❶ **民俗村** 민속촌

例）옛날 생활을 알고 싶어서 민속촌에 갔어요.
（昔の生活が知りたくて民俗村に行きました。）

□ ❶ **漢江** 한강

例）한강 야경이 너무 멋있네요.
（漢江の夜景がとても素敵ですね。）

□ ❷ **リゾート地** 휴양지

例）하와이는 휴양지로 너무 좋은 것 같아요.（ハワイはリゾート地としてすごくいいと思います。）＊「휴양지」は「休養地」の読み。

□ ❷ **ロケ地** 촬영지

例）이곳이 영화 촬영지였대요.
（ここが映画のロケ地だったそうです。）

□ ❷ **遊園地** 놀이동산

例）놀이동산에서는 모두가 아이 같아요.
（遊園地ではみんなが子供みたいです。）

□ ❷ **競技場** 경기장

例）경기장 앞에 포장마차가 많네요.
（競技場の前に屋台が多いですね。）

□ ❷ **寺** 절

例）한국에는 산에 절이 많은 것 같아요.
（韓国には山に寺が多いようです。）

4
場所

5 位置・順序

(1) 位置

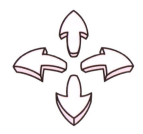

□ ❶ 上 　　　　　　　위

例) 지갑이 의자 위에 있어요.
（財布が椅子の上にあります。）

□ ❶ 下 　　　　　　　밑

例) 책상 밑에 아무 것도 없어요.
（机の下に何もありません。）＊「아래」とも言う。

□ ❶ 前 　　　　　　　앞

例) 회사 앞에 편의점이 있습니다.
（会社の前にコンビニがあります。）

□ ❶ 後ろ 　　　　　　뒤

例) 엘리베이터 뒤에 계단이 있어요.
（エレベーターの後ろに階段があります。）

□ ❶ 横 　　　　　　　옆

例) 옆 자리에 앉아도 돼요?
（横の席に座ってもいいですか？）

□ ❶ 中 　　　　　　　안

例) 교실 안에 아무도 없네요.
（教室の中に誰もいませんね。）

□ ❶ 外 　　　　　　　밖

例) 밖에서 카페 안이 보여요.
（外からカフェの中が見えます。）

□ ❶ 真ん中 **가운데**

例) 방 가운데에 테이블을 놓았어요.
（部屋の真ん中にテーブルを置きました。）

□ ❶ 間 **사이**

例) 휴지통은 책상하고 책장 사이에 있어요.
（ゴミ箱は机と本棚の間にあります。）

□ ❶ 向かい側 **맞은편** [마즌편]

例) 병원 맞은편에 약국이 있어요.
（病院の向かい側に薬局があります。）

□ ❶ 向こう側 **건너편**

例) 건너편에서 버스를 타세요. （向こう側でバスに乗ってください。） ＊「건너편」は道や川などを挟んだ向こう側を指す。

□ ❶ 右側 **오른쪽**

例) 오른쪽 페이지를 보세요.
（右のページを見てください。）　＊「左側」は「왼쪽」。

□ ❶ 東西南北 **동서남북**

例) 이 지도에 동서남북을 표시해 주세요.
（この地図に東西南北を表示してください。）

□ ❶ 東側 **동쪽**

例) 신주쿠역 동쪽 출구에서 만나요. （新宿駅東口で会いましょう。） ＊「西側」は「서쪽」、「南側」は「남쪽」、「北側」は「북쪽」。

□ ❷ 位置 **위치**

例) 내비게이션으로 위치를 찾아 보세요.
（ナビで位置を探してみてください。）

□ ❷ 方向 **방향**

例) 저는 항상 방향을 잘 모르겠어요.
（私はいつも方向がよくわかりません。）

位置・順序

(2) 順序

□ ❶ 初めて　　　처음

例) 서울은 처음이에요.
（ソウルは初めてです。）

□ ❶ 始め　　　시작

例) 뭐든지 시작이 중요해요.
（何でも始めが肝心です。）

□ ❶ 終わり　　　끝

例) 이 드라마 끝을 알고 싶어요.
（このドラマの終わりが知りたいです。）

□ ❶ 先に　　　먼저

例) 먼저 실례하겠습니다.
（お先に失礼します。）

□ ❶ 次　　　다음

例) 다음 분 들어 오세요.
（次の方、お入り下さい。）

□ ❶ 後で　　　나중에

例) 저는 나중에 먹어도 돼요.
（私は後で食べても大丈夫です。）

□ ❶ 前　　　전

例) 수업 전에는 테스트가 있습니다.
（授業の前にはテストがあります。）

□ ❶ 〜後　　　　　　　　〜후

例）수업 후에 밖에서 기다리세요.
（授業の後に外で待ってください。）

□ ❶ 初め　　　　　　　　〜초

例）일본에는 사월 초에 왔습니다.
（日本には 4 月初めに来ました。）

□ ❶ 中旬　　　　　　　　중순

例）이번 달 중순에 한국에 가요.（今月中旬に韓国へ行きます。）
　＊「上旬」は「초순」、「下旬」は「하순」。

□ ❶ 〜末　　　　　　　　〜말

例）레포트는 다음 달 말까지 내세요.
（レポートは来月末までに出してください。）

□ ❷ 順序　　　　　　　　순서

例）화장품 사용하는 순서를 가르쳐 주세요.
（化粧品の使う順序を教えてください。）＊「차례」とも言う。

□ ❷ 中間　　　　　　　　중간

例）우리 아이 키는 반에서 중간 정도예요.
（うちの子の身長はクラスで中間ぐらいです。）

□ ❷ 最後　　　　　　　　마지막

例）오늘이 마지막 수업이라서 슬퍼요.
（今日が最後の授業なので悲しいです。）

□ ❷ 初〜　　　　　　　　첫〜

例）첫사랑 이야기를 해 주세요.（初恋の話をしてください。）
　＊「初雪」は「첫눈」、「始発」は「첫차」。

□ ❷ 一番目　　　　　　　첫째

例）삼 형제 중에서 첫째예요.（三兄弟の中で一番目です。）
　＊「二番目」は「둘째」、「三番目」は「셋째」。

6  (1) 仕事①

- ❶ **仕事**   일

  例) 무슨 일 하세요?
  (どんな仕事をなさっていますか?)

- ❶ **勤務**   근무

  例) 지금 근무 시간이에요?
  (今、勤務時間ですか?)

- ❶ **営業**   영업

  例) 저는 영업을 담당하고 있습니다.
  (私は営業を担当しています。)

- ❶ **事業**   사업

  例) 저희 아버지는 사업을 하세요.
  (うちの父は事業をやっています。)

- ❶ **貿易**   무역

  例) 그 회사는 한국하고 무역도 해요?
  (その会社は韓国と貿易もしていますか?)

- ❶ **サービス**   서비스

  例) 이 가게는 서비스가 좋네요.
  (この店はサービスがいいですね。)

- ❶ **会議**   회의 [회이]

  例) 오늘은 하루 종일 회의가 있어요.
  (今日は一日中会議があります。)

☐ ❶ **出張** 　　　　출장 [출짱]

例) 미국으로 출장 갔어요.
（アメリカへ出張に行きました。）

☐ ❶ **休暇** 　　　　휴가

例) 다음 달에 휴가를 받을 수 있어요?
（来月に休暇をもらえますか？）

☐ ❷ **経営** 　　　　경영

例) 회사 경영은 정말 힘든 것 같아요.
（会社の経営は本当に大変だと思います。）

☐ ❷ **事務** 　　　　사무

例) 저는 사무 일을 희망합니다.
（私は事務の仕事を希望します。）

☐ ❷ **経理** 　　　　경리 [경니]

例) 경리 담당자는 누구입니까?
（経理の担当者は誰ですか？）

☐ ❷ **販売** 　　　　판매

例) 이 제품은 상점에서 판매를 하고 있습니다.
（この製品は商店で販売しています。）

☐ ❷ **会食** 　　　　회식

例) 사장님이 오늘 저녁에 회식하재요.
（社長が今夜会食しようと言っています。）

☐ ❷ **接待** 　　　　접대 [접때]

例) 요즘 거래처 접대가 많아서 늦게 들어가요.
（最近、取引先の接待が多くて遅く帰ります。）

☐ ❷ **社員旅行** 　　사원여행

例) 사원여행으로 괌에 갔다 왔어요.
（社員旅行でグアムに行ってきました。）

6

(1) 仕事②

- ❶ 就職 — 취직

  例) 한국 회사에 취직했어요.
  (韓国の会社に就職しました。)

- ❶ 入社 — 입사 [입싸]

  例) 언제 입사했어요?
  (いつ入社しましたか？)

- ❶ 退職 — 퇴사

  例) 김 과장님은 작년에 퇴사하셨습니다.
  (金課長は昨年退職なさいました。)

- ❶ 出勤 — 출근

  例) 출근 시간을 지켜야 합니다.
  (出勤時間を守らなければなりません。)

- ❶ 退社 — 퇴근

  例) 퇴근될 때까지 기다려 주세요. (退社するまで待ってください。) *出勤と退社を合わせて「출퇴근」と言う。

- ❶ 書類 — 서류

  例) 이 서류는 오늘까지 정리해 주세요.
  (この書類は今日まで整理してください。)

- ❶ 取引先 — 거래처

  例) 부장님, 거래처에서 손님이 오셨습니다.
  (部長、取引先からお客さんがお見えになりました。)

□ ❷ **職場**　　　　　**직장** [직짱]

例) 직장에 다닌 지 얼마나 되셨어요?
（職場に通い始めてからどれぐらいですか？）

□ ❷ **履歴書**　　　　**이력서**

例) 중소기업에 이력서를 냈어요.
（中小企業に履歴書を出しました。）

□ ❷ **面接**　　　　　**면접**

例) 면접 때 너무 긴장한 것 같아요.
（面接のとき、緊張しすぎたみたいです。）

□ ❷ **転勤**　　　　　**전근**

例) 오사카로 전근을 가게 되었습니다.
（大阪へ転勤することになりました。）

□ ❷ **昇進**　　　　　**승진**

例) 승진을 해서 계장이 되었어요.
（昇進をして係長になりました。）

□ ❷ **月給**　　　　　**월급**

例) 월급날이 기다려져요.
（給料日が待ちどおしいです。）＊「時給」は「시급」。

□ ❷ **給料**　　　　　**급료** [금뇨]

例) 내년에는 급료가 올랐으면 좋겠어요.
（来年は給料が上がってほしいです。）

□ ❷ **資料**　　　　　**자료**

例) 우선 자료를 보여 주시겠어요?
（まず、資料を見せていただけますか？）

□ ❷ **夜勤**　　　　　**야근**

例) 요즘엔 거의 매일 야근이에요.
（最近はほとんど毎日夜勤です。）

生活

(2) 日常生活①

□ ❶ 掃除　　　　　　　청소

例) 매일 청소를 해요?
（毎日掃除をしますか？）

□ ❶ 洗濯　　　　　　　빨래

例) 날씨가 좋아서 빨래를 했어요.
（天気がよくて洗濯をしました。）

□ ❶ 料理　　　　　　　요리

例) 전 요리를 좋아해요.
（私は料理が好きです。）

□ ❶ 化粧　　　　　　　화장

例) 오늘은 화장을 안 했네요.
（今日は化粧をしてないですね。）

□ ❶ ショッピング　　　쇼핑

例) 쇼핑은 주로 어디에서 하세요?
（ショッピングは主にどこでしますか？）

□ ❶ 外出　　　　　　　외출

例) 오래간만에 외출할까요?
（久しぶりに外出しましょうか？）

□ ❶ 外食　　　　　　　외식

例) 주말에는 가족하고 자주 외식해요.
（週末は家族とよく外食します。）

- ❷ 眠り　　　　　　　　잠

例）커피를 마셔서 잠이 안 와요. （コーヒーを飲んだので眠れないです。）＊「寝坊をする」は「늦잠을 자다」。

- ❷ シャワー　　　　　　샤워

例）여름에는 아침 저녁으로 샤워를 해요.
（夏は朝晩シャワーを浴びます。）

- ❷ 洗面　　　　　　　　세수

例）따뜻한 물로 세수해요.
（お湯で顔を洗います。）

- ❷ 歯磨き　　　　　　　양치질

例）식후에는 양치질을 해야 돼요.
（食後は歯磨きをしなければなりません。）

- ❷ 入浴　　　　　　　　목욕

例）우리 아이는 목욕을 싫어해요. （うちの子はお風呂に入るのが嫌いです。）＊「목욕」は「沐浴」の読み。「銭湯」は「목욕탕」。

- ❷ ひげ剃り　　　　　　면도

例）아침에 시간이 없어서 면도를 못 했어요.
（朝時間がなくて、ひげ剃りができませんでした。）

- ❷ 皿洗い　　　　　　　설거지

例）설거지가 너무 귀찮아요.
（皿洗いがとても面倒くさいです。）

- ❷ 片付け　　　　　　　정리　［정니］

例）아이가 있어서 정리를 해도 끝이 없어요.
（子供がいるので、片付けをしてもきりがないです。）

- ❷ 日常生活　　　　　　일상생활

例）누구나 일상생활은 똑같은 것 같아요.
（誰でも日常生活は同じようです。）

6 生活 (2) 日常生活②

□ ❶ 運動　　　　運동

例) 지난 주부터 운동을 시작했어요.
（先週から運動を始めました。）

□ ❶ 運転　　　　운전

例) 운전 조심하세요.
（運転、気をつけてください。）

□ ❶ 禁煙　　　　금연

例) 이 레스토랑은 금연입니다.
（このレストランは禁煙です。）

□ ❶ 習慣　　　　습관

例) 식사 습관이 많이 다르네요.
（食事の習慣がかなり違いますね。）

□ ❷ 行動　　　　행동

例) 어른 앞에서는 행동을 조심해야 됩니다.
（目上の人の前では行動に気をつけなければなりません。）

□ ❷ 散歩　　　　산책

例) 저녁 식사 후에 산책이라도 할까요?（夕食の後に散歩でもしましょうか？）＊「산책」は「散策」の読み。

□ ❷ デート　　　데이트

例) 유원지에서 데이트 했어요.
（遊園地でデートしました。）

□ ❷ **会話**　　　　　**대화**

例) 부부는 대화를 많이 하는 게 좋아요. (夫婦は会話をたくさん
したほうがいいです。) ＊「대화」は「対話」の読み。

□ ❷ **おしゃべり**　　　**수다**

例) 수다로 스트레스를 풀어요. (おしゃべりでストレスを解消し
ます。) ＊「おしゃべりをする」は「수다를 떨다」。

□ ❷ **雑談**　　　　　**잡담**

例) 수업 시간에는 잡담하지 마세요.
(授業時間には雑談しないでください。)

□ ❷ **喧嘩**　　　　　**싸움**

例) 형제 간에 싸움이 많은 것 같아요.
(兄弟の間に喧嘩が多いようです。)

□ ❷ **仲直り**　　　　　**화해**

例) 어제 싸웠는데 금방 화해했어요. (昨日喧嘩したけど、すぐ仲
直りしました。) ＊「화해」は「和解」の読み。

□ ❷ **集まり**　　　　　**모임**

例) 연말에는 모임이 많아서 바빠요.
(年末には集まりが多くて忙しいです。)

□ ❷ **配達**　　　　　**배달**

例) 짜장면은 어디든지 배달이 돼요. (ジャージャー麺はどこでも
配達できます。) ＊「배달」は「出前」の意味を含む。

□ ❷ **ダイエット**　　　**다이어트**

例) 심한 다이어트는 건강에 안 좋아요.
(激しいダイエットは健康によくないです。)

□ ❷ **マッサージ**　　　**마사지**

例) 피곤할 때는 마사지를 받고 싶어요.
(疲れた時はマッサージをしてもらいたいです。)

6

(3) 旅行

□ ❶ 旅行 　　　　　　　여행

例) 연말에는 여행을 가고 싶어요.
（年末には旅行に行きたいです。）

□ ❶ 旅行会社　　　　　여행사

例) 여행사에서 예약하면 편해요.
（旅行会社で予約すると楽です。）

□ ❶ 出発 　　　　　　　출발

例) 비행기는 몇 시 출발이에요?
（飛行機は何時に出発ですか？）

□ ❶ 到着 　　　　　　　도착

例) 열차 도착 시간을 아세요?
（列車の到着時間をご存知ですか？）

□ ❶ 写真 　　　　　　　사진

例) 같이 사진 찍어요.
（一緒に写真を撮りましょう。）

□ ❶ お金 　　　　　　　돈

例) 여행 때 돈을 얼마나 가지고 갈까요?
（旅行の時、お金をどれぐらい持って行きましょうか？）

□ ❶ 荷物 　　　　　　　짐

例) 짐이 많네요.
（荷物が多いですね。）

□ ❷ ツアー　　　　　투어

例) 지바는 골프 투어로 많이 가는 것 같아요.
（千葉はゴルフツアーでよく行くようです。）

□ ❷ 予約　　　　　예약

例) 예약은 언제까지 해야 돼요?
（予約はいつまでにしなければならないですか？）

□ ❷ 申請　　　　　신청

例) 비자를 신청할 때 뭐가 필요해요?
（ビザを申請する時、何が必要ですか？）

□ ❷ パスポート　　　여권　[여꿘]

例) 여권은 잊지 말고 꼭 가지고 오세요.
（パスポートは忘れないで必ず持ってきてください。）

□ ❷ 航空券　　　　항공권　[항공꿘]

例) 손님, 항공권 좀 보여 주세요.
（お客様、航空券を見せてください。）

□ ❷ 機内食　　　　기내식

例) 기내식은 별로 맛없었어요.
（機内食はあまりおいしくなかったです。）

□ ❷ リュックサック　　배낭

例) 가방을 드는 것보다 배낭을 메는 게 편해요.
（カバンを持つよりリュックを背負うのが楽です。）

□ ❷ 両替　　　　　환전

例) 환전은 몇 시까지 할 수 있어요?
（両替は何時までできますか？）

□ ❷ コイン　　　　동전

例) 동전이 많아져서 지갑이 무거워요.
（コインが多くなって財布が重いです。）

6

生活

(4)
行事

□ ❶ 花見　　　　　　　　　　벚꽃놀이　[벋꼰노리]

例) 벚꽃놀이는 보통 어디로 가요?
（花見は普通どこへ行きますか？）＊「꽃구경」とも言う。

□ ❶ パーティ　　　　　　　　파티

例) 오늘 저녁에는 친구 생일 파티가 있어요.
（今夜は友達の誕生パーティがあります。）

□ ❶ 結婚式　　　　　　　　　결혼식　[겨론식]

例) 결혼식은 어디에서 합니까?
（結婚式はどこでやりますか？）

□ ❷ 遠足　　　　　　　　　　소풍

例) 소풍 때는 김밥을 가지고 가요.
（遠足の時は、のり巻きを持って行きます。）

□ ❷ 花火　　　　　　　　　　불꽃놀이

例) 일본에서는 여름에 불꽃놀이를 많이 해요.
（日本では夏に花火をよくします。）

□ ❷ 発表会　　　　　　　　　발표회

例) 유치원에서 크리스마스 발표회를 한대요.
（幼稚園でクリスマス発表会をやるそうです。）

□ ❷ 祭　　　　　　　　　　　축제

例) 대학 축제 때는 뭐 해요?
（大学祭の時は何をしますか？）＊「축제」は「祝祭」の読み。

□ ❷ 歓迎会　　　　　　**환영회**

例）신입생 환영회를 합시다.
（新入生の歓迎会をしましょう。）

□ ❷ 送別会　　　　　　**환송회**

例）한국어 선생님이 귀국해서 환송회를 했어요.（韓国語の先生
が帰国するので、送別会をしました。）＊「송별회」とも言う。

□ ❷ 忘年会　　　　　　**송년회**

例）연말에는 송년회 때문에 바빴어요.
（年末には忘年会のため忙しかったです。）＊「망년회」とも言う。

□ ❷ 祝宴　　　　　　　**잔치**

例）할머니 칠순 잔치는 어떻게 할까요?
（おばあさんの古希の祝宴はどうしましょうか？）

□ ❷ 婚約式　　　　　　**약혼식**　[야혼식]

例）어머니가 결혼하기 전에 약혼식을 하라고 했어요.
（母に結婚する前に婚約式をするようにと言われました。）

□ ❷ 引越し　　　　　　**이사**

例）작년에 이쪽으로 이사 왔어요.
（去年、こちらに引っ越してきました。）

□ ❷ 引っ越し祝いのパーティ　**집들이**

例）집들이 할 때 불러 주세요.
（引っ越し祝いのパーティをする時、呼んでください。）

□ ❷ 葬式　　　　　　　**장례식**　[장네식]

例）장례식 때는 까만 넥타이를 해야 돼요?
（お葬式の時は、黒いネクタイをしなければならないですか？）

□ ❷ 行事　　　　　　　**행사**

例）가을에는 행사가 많은 것 같아요.
（秋は行事が多いようです。）＊「イベント」は「이벤트」。

6 生活

(5) 伝統行事関連

□ ❷ **伝統的な祝日**   **명절**

例) 명절에는 가족과 함께 지내는 사람이 많습니다.
（伝統的な祝日は家族と一緒に過ごす人が多いです。）

□ ❷ **正月**   **설날** [설랄]

例) 설날에는 많은 사람들이 고향에 갑니다.
（正月には多くの人が故郷に帰ります。）

□ ❷ **元日**   **신정**

例) 일월 일 일을 신정이라고 합니다.（1月1日をシンジョンと言います。） ＊「신정」は「新暦の正月」、「旧暦の正月」は「구정」。

□ ❷ **新年の挨拶**   **세배**

例) 설날 아침에 어른께 세배합니다.
（お正月の朝、目上の人に新年の挨拶をします。）

□ ❷ **お年玉**   **세뱃돈** [세밷똔]

例) 어른은 아이에게 세뱃돈을 줍니다.
（大人は子供にお年玉をあげます。）

□ ❷ **祭祀**   **차례**

例) 설날이나 추석 때 조상님께 차례를 지내요.
（お正月やお盆の時、祖先のために祭祀を行います。）

□ ❷ **法事**   **제사**

例) 장남이라서 제사를 지내야 돼요.
（長男なので法事を行わなければなりません。）

☐ ❷ お墓参り　　　　**성묘**

例）**성묘**하러 갈 때는 주로 과일과 술을 가지고 갑니다.
（お墓参りに行く時は、主に果物とお酒を持って行きます。）

☐ ❷ 旧暦のお盆　　　　**추석**

例）음력 팔월 십오 일을 **추석**이라고 합니다.（旧暦の 8 月 15 日をチュソクと言います。）＊「추석」は「秋夕」の読み。

☐ ❷ 小正月　　　　**정월대보름**

例）음력 일월 십오 일 **정월대보름** 때는 둥근 달을 볼 수 있습니다.（旧暦の 1 月 15 日小正月の時は、丸い月を見ることができます。）

☐ ❷ ユンノリ　　　　**윷놀이**　[윤노리]

例）가족들이 모이면 **윷놀이**를 많이 하는 것 같아요.（家族が集まると、ユンノリをよくするみたいです。）＊ユンノリは双六のような遊戯で、4 本のユッ（윷）と呼ばれる木の棒を使う。

☐ ❷ サムルノリ　　　　**사물놀이**

例）**사물놀이**는 전통 타악기 네 개로 연주합니다.
（サムルノリは伝統打楽器 4 つで演奏します。）

☐ ❷ 満 1 歳の誕生日祝い　**돌잔치**

例）아이가 한 살이 되면 **돌잔치**를 해요.
（子供が 1 歳になると、トルジャンチをします。）

☐ ❷ お雑煮　　　　**떡국**

例）설날 때 **떡국**을 먹습니다.
（お正月の時、お雑煮を食べます。）

☐ ❷ （お盆の時の）お餅　　**송편**

例）추석 전날에는 가족과 함께 **송편**을 만듭니다.（お盆の前日には家族と一緒にソンピョンを作ります。）＊「송편」はゴマや小豆の餡を入れたお餅。

☐ ❷ （伝統の）お菓子　　**한과**

例）한국의 전통 과자를 **한과**라고 합니다.
（韓国の伝統のお菓子をハングァと言います。）

生活

(6) 感情関連

- ❶ 気持ち — 기분

  例) 바람이 시원해서 기분이 좋네요.
  (風が涼しくて気持ちいいですね。) ＊「気分」も「기분」。

- ❶ 愛 — 사랑

  例) 아이에게는 사랑이 제일이에요.
  (子供には愛が一番です。) ＊「恋」も「사랑」。

- ❶ 約束 — 약속

  例) 오늘 저녁에 다른 약속은 없어요?
  (今夜ほかの約束はないですか？)

- ❷ 感情 — 감정

  例) 너무 감정적으로 말하지 마세요.
  (あまり感情的に言わないでください。)

- ❷ 感じ — 느낌

  例) 소개 받은 사람은 느낌이 어땠어요?
  (紹介してもらった人はどんな感じでしたか？)

- ❷ 感動 — 감동

  例) 그 영화를 보고 감동을 받았어요.
  (その映画を見て感動を受けました。)

- ❷ 関心 — 관심

  例) 젊은 사람들은 정치에 관심이 없는 것 같아요.
  (若い人達は政治に関心がないようです。)

☐ ❷ 理解　　　　　　　이해

例) 몇 번 설명을 들었지만 이해가 안 돼요.
（何回か説明を聞きましたが、理解できません。）

☐ ❷ 心　　　　　　　　마음

例) 그 사람의 마음을 알고 싶어요.
（その人の心を知りたいです。）

☐ ❷ 幸せ　　　　　　　행복

例) 늘 행복하세요.
（いつも幸せでいてください。）

☐ ❷ 考え　　　　　　　생각

例) 당신 생각은 어때요?
（あなたの考えはどうですか？）　＊「思ったより」は「생각보다」。

☐ ❷ 意見　　　　　　　의견

例) 다른 의견은 없습니까?
（他の意見はありませんか？）

☐ ❷ 応援　　　　　　　응원

例) 저희 팀을 응원해 주세요.
（私たちのチームを応援してください。）

☐ ❷ 悩み　　　　　　　고민

例) 결혼 전에 고민이 많은 게 당연해요.
（結婚前に悩みが多いのが当たり前です。）

☐ ❷ 心配　　　　　　　걱정

例) 요즘 일 때문에 걱정이 많아요.
（最近仕事で心配事が多いです。）

☐ ❷ 緊張　　　　　　　긴장

例) 사람들 앞에서는 항상 긴장해요.
（人前ではいつも緊張します。）

7 交通

🎧 032

(1) 交通

☐ ❶ **料金** 　　　　　　　요금

例) 기본요금이 얼마예요?
（初乗り料金はいくらですか？） ＊「初乗り料金」は「기본요금」。

☐ ❶ **交通費** 　　　　　　교통비

例) 일본은 한국보다 교통비가 비싸요.
（日本は韓国より交通費が高いです。）

☐ ❶ **片道** 　　　　　　　편도

例) 비행기 티켓을 편도로 살 수 있어요?
（飛行機のチケットを片道で買えますか？）

☐ ❶ **運転席** 　　　　　　운전석

例) 한국과 일본은 운전석이 반대예요.
（韓国と日本は運転席が逆です。）

☐ ❶ **優先席** 　　　　　　노약자석

例) 노약자석에 앉으면 안 돼요?（優先席に座ってはいけないですか？）　＊「노약자석」は「老弱者席」の読み。

☐ ❶ **地下鉄の駅** 　　　　지하철역

例) 이 근처에 지하철역 있어요?
（この近くに地下鉄の駅がありますか？）

☐ ❶ **バス停** 　　　　　　버스 정류장　[-정뉴장]

例) 버스 정류장 앞에서 기다리세요.
（バス停の前で待っていてください。）

□ ❶ 道路　　　　　　도로

例）도로가 꽤 넓네요.
（道路がかなり広いですね。）

□ ❷ 切符　　　　　　표

例）전철 표는 어디에서 사면 돼요?
（電車の切符はどこで買えばいいですか？）

□ ❸ 交通カード　　　교통 카드

例）교통 카드가 있으면 표를 안 사도 돼요.
（交通カードがあれば切符を買わなくてもいいです。）

□ ❹ 免許証　　　　　면허증　[며너쯩]

例）면허증은 있지만 운전은 못 해요.
（免許証はあるけど、運転はできません。）

□ ❺ バスターミナル　버스 터미널

例）고속버스는 버스 터미널에서 탑니다.
（高速バスはバスターミナルで乗ります。）

□ ❻ 駐車場　　　　　주차장

例）이 건물에는 주차장이 없습니다.
（この建物には駐車場がありません。）

□ ❼ 信号　　　　　　신호등

例）파란 신호등 시간이 짧은 것 같아요.
（青信号が短いようです。）　＊「신호등」は「信号灯」の読み。

□ ❽ 横断歩道　　　　횡단보도

例）저기 횡단보도 앞에서 세워 주세요.
（あちらの横断歩道の前で止めてください。）

□ ❾ 地下道　　　　　지하도

例）그 백화점은 지하도로 연결되어 있어요.
（そのデパートは地下道で繋がっています。）

7

交通

(2) 乗り物

□ ❶ 車 — 차

例) 회사까지는 차로 다녀요.
（会社までは車で通っています。）

□ ❶ バス — 버스

例) 버스로 두 정거장이에요.
（バスで二つ目の停留所です。）

□ ❶ タクシー — 택시

例) 거기까지 택시로 갈까요?
（そこまでタクシーで行きましょうか？）

□ ❶ 模範タクシー — 모범택시

例) 왜 모범택시가 더 비싸요?
（なぜ模範タクシーがもっと高いんですか？）

□ ❶ 電車 — 전철

例) 서울에서 혼자 전철 탈 수 있어요?
（ソウルで一人で電車に乗れますか？）

□ ❶ 列車 — 기차

例) 예전에는 기차를 타고 여행을 했어요. （昔は列車に乗って旅行をしました。）＊「기차」は「汽車」の読み。

□ ❶ ＫＴＸ — 케이티엑스

例) 케이티엑스를 타면 빨리 갈 수 있어요.
（ＫＴＸに乗ると速く行けます。）

□ ❶ **飛行機** **비행기**

例) 비행기를 스무 시간이나 탔어요.
（飛行機に 20 時間も乗りました。）

□ ❶ **船** **배**

例) 부산까지 배로 갔다 왔어요.
（釜山まで船で行ってきました。）

□ ❶ **遊覧船** **유람선**

例) 서울에 가면 유람선을 타 보세요.
（ソウルに行ったら遊覧船に乗ってみてください。）

□ ❶ **自転車** **자전거**

例) 저는 아직 자전거를 못 타요.
（私はまだ自転車に乗れません。）

□ ❷ **オートバイ** **오토바이**

例) 배달은 주로 오토바이로 하는 것 같아요.
（配達は主にオートバイでやっているみたいです。）

□ ❷ **トラック** **트럭**

例) 이사할 때 트럭을 빌렸어요.
（引越しの時、トラックを借りました。）

□ ❷ **ヘリコプター** **헬리콥터**

例) 조카한테 장난감 헬리콥터를 사 줬어요.
（甥におもちゃのヘリコプターを買ってあげました。）

□ ❷ **マイクロバス** **마을버스**

例) 역까지 머니까 마을버스를 타세요. （駅まで遠いのでマイクロ
バスに乗ってください。） ＊「마을버스」は町を循環する有料バス。

□ ❷ **高速バス** **고속버스**

例) 설날 때 고속버스를 타고 고향에 가려고 해요.
（お正月の時、高速バスに乗って故郷に帰ろうと思っています。）

通信

(1) 通信

□ ❶ **手紙** — 편지

例) 요즘에는 편지를 안 써요.
（最近は手紙を書きません。）

□ ❶ **小包** — 소포

例) 친구한테 소포를 부치고 싶어요.
（友達に小包を送りたいです。）

□ ❶ **切手** — 우표

例) 학생 때 취미로 우표를 모았어요.
（学生の時、趣味で切手を集めました。）

□ ❶ **電話** — 전화

例) 한국에 도착하면 전화 주세요.
（韓国に着いたら、電話ください。）

□ ❶ **携帯電話** — 핸드폰

例) 핸드폰은 거의 모든 사람이 가지고 있어요. （携帯電話はほぼすべての人が持っています。） ＊「휴대폰」とも言う。「スマートフォン」は「스마트폰」。

□ ❶ **電話番号** — 전화번호

例) 전화번호는 몇 번이에요?
（電話番号は何番ですか？）

□ ❷ **連絡先** — 연락처 [열락처]

例) 김 선생님 연락처를 가르쳐 주시겠어요?
（金先生の連絡先を教えていただけますか？）

□ ❷ 音声メッセージ **음성 메시지**

例) 아까 음성 메시지 남겼는데 들었어요?
（先ほど音声メッセージを残しましたが、聞きましたか？）

□ ❷ （携帯）メール **문자** [문짜]

例) 제가 전화를 못 받으니까 문자로 보내 주세요.（私が電話に
出られないので、メールで送ってください。）＊「문자」は「文字」の読み。

□ ❷ 国際郵便 **국제우편**

例) 국제우편은 주로 이엠에스로 보내요.
（国際郵便は主にＥＭＳで送ります。）

□ ❷ 葉書 **엽서**

例) 여행지에서 가끔 엽서를 써요.
（旅行先でたまに葉書を書きます。）

□ ❷ 年賀状 **연하장** [여나짱]

例) 일본에서는 일월 일 일에 연하장을 받아요.
（日本では１月１日に年賀状をもらいます。）

□ ❷ 返事 **답장**

例) 편지 보냈으니까 답장 꼭 쓰세요.
（手紙を送ったので、ぜひ返事を書いてください。）

□ ❷ 〜拝 **올림**

例) 김재민 올림.
（金ジェミン拝。）

□ ❷ 便り **소식**

例) 미국 친척한테서 소식이 왔어요?
（アメリカの親戚から便りが届きましたか？）

□ ❷ 通信 **통신**

例) 요즘에는 통신이 발달해서 어디든지 전화할 수 있어요.
（最近は通信が発達してどこにでも電話をかけられます。）

(2)
インターネット

□ ❶ **インターネット** 　　　**인터넷**

例) 인터넷으로 신문을 읽어요.
（インターネットで新聞を読みます。）

□ ❶ **Eメール** 　　　**이메일**

例) 회사에 가면 우선 이메일부터 확인해요.
（会社に行ったら、まずEメールから確認します。）

□ ❷ **ホームページ** 　　　**홈페이지**

例) 홈페이지를 보면 자세하게 알 수 있어요.
（ホームページを見れば、詳しく知ることができます。）

□ ❷ **サイト** 　　　**사이트**

例) 한국에는 포털 사이트가 많은 것 같아요.（韓国にはポータルサイトが多いようです。）＊「ヤフー」は「야후」、「グーグル」は「구글」。

□ ❷ **ブログ** 　　　**블로그**

例) 여행 사진을 블로그에 올렸어요.
（旅行写真をブログに載せました。）

□ ❷ **検索** 　　　**검색**

例) 검색하면 바로 나올 거예요.
（検索するとすぐ出ると思います。）

□ ❷ **キーワード** 　　　**키워드**

例) '한국 식당'이라고 키워드를 입력해 보세요.
（「韓国食堂」とキーワードを入力してみてください。）

□ ❷ クリック　　　　**클릭**

例) 더블 클릭하세요.
（ダブルクリックしてください。）

□ ❷ お気に入り　　　**즐겨찾기**

例) 이 사이트는 즐겨찾기에 넣어 두세요.
（このサイトはお気に入りに入れておいてください。）

□ ❷ 情報　　　　　　**정보**

例) 정보가 너무 많아서 필요한 정보만 고르기가 힘들어요.
（情報があまりにも多くて必要な情報だけ選ぶのが大変です。）

□ ❷ ダウンロード　　**다운로드**

例) 한국 드라마를 다운로드해서 봅니다.
（韓国ドラマをダウンロードして見ます。）

□ ❷ 動画　　　　　　**동영상**

例) 동영상으로도 볼 수 있어요?
（動画でも見られますか？）

□ ❷ 会員登録　　　　**회원 가입**

例) 동영상을 보려면 회원 가입을 해야 돼요.
（動画を見ようとしたら、会員登録をしなければなりません。）

□ ❷ ＩＤ　　　　　　**아이디**

例) 아이디는 자기가 정하면 됩니다.
（ＩＤは自分で決めればいいです。）

□ ❷ パスワード　　　**비밀번호**

例) 비밀번호는 여섯 자리 이상으로 만드세요.
（パスワードは6桁以上で作ってください。）

□ ❷ チャット　　　　**채팅**

例) 요즘엔 채팅을 거의 안 하는 편이에요.
（最近はチャットをほとんどやらないほうです。）

9

(1) 学校生活

□ ❶ **勉強** 　　　　　공부

例) 한국어 공부는 매일 합니까?
（韓国語の勉強は毎日しますか？）

□ ❶ **授業** 　　　　　수업

例) 수업은 몇 시부터예요?
（授業は何時からですか？）　＊「授業中」は「수업 중」。

□ ❶ **試験** 　　　　　시험

例) 한국어 능력시험은 일 년에 두 번 있어요?
（韓国語能力試験は1年に2回ありますか？）

□ ❶ **問題** 　　　　　문제

例) 작년에는 시험 문제가 어렵지 않았어요.
（去年は試験問題が難しくありませんでした。）

□ ❶ **質問** 　　　　　질문

例) 질문 없습니까?
（質問ありませんか？）

□ ❶ **答え** 　　　　　대답

例) 학생들이 오늘은 대답을 잘했어요.
（生徒達が今日はよく答えました。）

□ ❶ **入学** 　　　　　입학　[이팍]

例) 한국은 삼월이 입학 시즌입니다.
（韓国は3月が入学シーズンです。）

□ ❶ 卒業　　　　　졸업　[조럽]

例) 한국에서는 졸업이 보통 이월이에요.
（韓国では卒業が普通2月です。）

□ ❶ 留学　　　　　유학

例) 한국에 유학가고 싶어요.
（韓国に留学したいです。）　＊「語学研修」は「어학연수」。

□ ❶ 〜年生　　　　학년　[항년]

例) 몇 학년이에요?
（何年生ですか？）　＊「학년」は「学年」の読み。

□ ❷ 点数　　　　　점수

例) 시험 점수가 별로 안 좋아요.
（試験の点数があまりよくないです。）

□ ❷ 合格　　　　　합격

例) 합격했어요? 축하해요.
（合格しましたか？　おめでとうございます。）

□ ❷ 専攻　　　　　전공

例) 전공이 뭐예요?
（専攻は何ですか？）

□ ❷ 学期　　　　　학기

例) 이번 학기에는 무슨 수업을 들을 거예요?
（今学期は何の授業をとるつもりですか？）

□ ❷ 学生証　　　　학생증　[학쌩쯩]

例) 도서관에 들어갈 때 학생증이 필요해요.
（図書館に入るとき学生証が必要です。）

□ ❷ 時間割　　　　시간표

例) 이번 학기 시간표는 나왔어요?
（今学期の時間割は出ましたか？）

9 勉強 (2) 語学学習

- ❶ **文字**   글자 [글짜]

  例) 한국의 글자는 한글입니다.
  （韓国の文字はハングルです。）

- ❶ **文法**   문법

  例) 문법은 그렇게 어렵지 않습니다.
  （文法はそんなに難しくないです。）

- ❶ **発音**   발음 [바름]

  例) 발음을 어떻게 하면 돼요?
  （発音をどのようにすればいいですか？）

- ❶ **通訳**   통역

  例) 저는 가끔 통역 아르바이트를 해요.（私はたまに通訳のアルバイトをしています。）＊「翻訳」は「번역」。

- ❶ **単語**   단어 [다너]

  例) 매일 단어를 열 개씩 외우고 있어요.
  （毎日単語を10個ずつ覚えています。）

- ❶ **パッチム**   받침

  例) 받침 발음이 어렵습니다.
  （パッチムの発音が難しいです。）

- ❶ **予習**   예습

  例) 예습은 안 해도 됩니다.
  （予習はしなくてもいいです。）

☐ ❶ 復習　　　　　　복습

例) 복습은 꼭 하세요.
（復習は必ずしてください。）

☐ ❶ 宿題　　　　　　숙제　[숙쩨]

例) 오늘은 숙제가 너무 많아요.
（今日は宿題がとても多いです。）

☐ ❶ 練習　　　　　　연습

例) 외국어는 연습이 중요해요.
（外国語は練習が重要です。）

☐ ❷ スピーキング　　말하기

例) 말하기 시험도 있어요?
（スピーキングの試験もありますか？）　＊「말」は「ことば」。

☐ ❷ リスニング　　　듣기

例) 시디를 들으면서 듣기 연습을 하고 있어요.
（ＣＤを聞きながらリスニングの練習をしています。）

☐ ❷ ライティング　　쓰기

例) 쓰기 숙제로 일기를 썼어요.
（ライティングの宿題で日記を書きました。）

☐ ❷ リーディング　　읽기　[일끼]

例) 소리를 내서 읽기 연습을 하세요.
（声を出してリーディングの練習をしてください。）

☐ ❷ 作文　　　　　　작문　[장문]

例) 이 단어를 사용해서 작문을 해 보세요.
（この単語を使って作文をしてみてください。）

☐ ❷ 文章　　　　　　문장

例) 이번에는 긴 문장을 써 볼까요?
（今度は長い文章を書いてみましょうか？）

勉強 (3) 科目

☐ ❶ **教科書** 　　　　　교과서

例) 무슨 교과서를 쓰세요?
（何の教科書を使っていらっしゃいますか？）

☐ ❶ **外国語** 　　　　　외국어

例) 외국어를 하나는 배우고 싶어요.
（外国語を一つは習いたいです。）

☐ ❶ **英語** 　　　　　　영어

例) 요즘에는 아이들이 영어를 많이 배워요.
（最近は子供たちが英語をけっこう習います。）

☐ ❶ **中国語** 　　　　　중국어

例) 지금은 중국어가 인기지요?
（今は中国語が人気でしょう？）

☐ ❶ **漢字** 　　　　　　한자 [한짜]

例) 한국에서도 한자를 사용해요.
（韓国でも漢字を使います。）＊「漢文」は「한문」。

☐ ❶ **韓国語** 　　　　　한국어

例) 한국어는 일본어와 비슷해요.
（韓国語は日本語と似ています。）＊「한국말」とも言う。

☐ ❶ **日本語** 　　　　　일본어

例) 일본어를 참 잘하시네요.
（日本語がとても上手ですね。）＊「일본말」とも言う。

□ ❷ 国語　　　　　　　국어　[구거]

例) 국어를 별로 좋아하지 않아요.
（国語があまり好きではありません。）

□ ❷ 社会　　　　　　　사회

例) 우리 담임 선생님은 사회를 가르쳐요.
（うちの担任の先生は社会科を教えています。）

□ ❷ 歴史　　　　　　　역사

例) 역사 시간은 재미있어요?
（歴史の時間は面白いですか？）

□ ❷ 数学　　　　　　　수학

例) 수학은 잘 못해요.
（数学は得意ではありません。）

□ ❷ 科学　　　　　　　과학

例) 과학 시간에는 실험이 즐거웠어요.
（科学の時間は実験が楽しかったです。）

□ ❷ 経済　　　　　　　경제

例) 고등학교 때 경제도 배워요?
（高校の時、経済も習いますか？）

□ ❷ 政治　　　　　　　정치

例) 정치는 잘 모르겠어요.
（政治はよくわかりません。）

□ ❷ フランス語　　　　불어

例) 불어를 배운 적이 있어요? （フランス語を習ったことがありま
すか？）＊「불어」は「仏語」の読み。

□ ❷ 科目　　　　　　　과목

例) 무슨 과목을 가장 좋아해요?
（何の科目が一番好きですか？）

9 勉強

(4) 文具

□ ❶ **辞書** — 사전

例) 어떤 사전이 좋아요?
(どんな辞書がいいですか?) ＊「韓日辞典」は「한일사전」。

□ ❶ **ノート** — 노트

例) 노트에 한 번씩 써 보세요.
(ノートに一度ずつ書いてみてください。) ＊「공책」とも言う。

□ ❶ **鉛筆** — 연필

例) 연필로 써도 돼요?
(鉛筆で書いてもいいですか?)

□ ❶ **ボールペン** — 볼펜

例) 볼펜 좀 빌려 주시겠어요?
(ボールペンをちょっと貸していただけますか?)

□ ❶ **ハサミ** — 가위

例) 가위로 자르세요.
(ハサミで切ってください。)

□ ❷ **電子辞書** — 전자사전

例) 전자사전이 편한 것 같아요.
(電子辞書のほうが楽だと思います。)

□ ❷ **紙** — 종이

例) 종이에 이름을 써 주세요.
(紙に名前を書いてください。)

□ ❷ 筆箱　　　**필통**

例）필통에 펜이 많이 들어 있어요.
（筆箱にペンがたくさん入っています。）

□ ❷ シャープペンシル　　　**샤프**

例）연필보다 샤프가 쓰기 편해요?
（鉛筆よりシャープペンシルのほうが書きやすいですか？）

□ ❷ 色鉛筆　　　**색연필**　[생년필]

例）아이 선물로 색연필을 샀어요.
（子供のプレゼントに色鉛筆を買いました。）

□ ❷ 蛍光ペン　　　**형광펜**

例）중요한 내용은 형광펜으로 밑줄을 그어요.
（重要な内容は蛍光ペンで下線をひきます。）

□ ❷ 消しゴム　　　**지우개**

例）이 지우개는 볼펜도 지울 수 있어요.
（この消しゴムはボールペンも消せます。）

□ ❷ 修正液　　　**수정액**

例）지우개로 안 지워져서 수정액으로 지웠어요.
（消しゴムで消せなくて、修正液で消しました。）

□ ❷ カッター　　　**칼**

例）가위보다 칼로 자르는 게 빠를 것 같아요.
（ハサミよりカッターで切ったほうが速いと思います。）

□ ❷ 定規　　　**자**

例）삼십 센티 자 있어요?
（30センチの定規ありますか？）

□ ❷ 画鋲　　　**압정**　[압쩡]

例）이 포스터를 압정으로 꽂을까요?
（このポスターを画鋲で留めましょうか？）

食生活

(1) 食事

🎧 040

- ❶ **食事**   식사 [식싸]

  例) 식사 하셨어요?
  （食事されましたか？）

- ❶ **食べ物**   음식

  例) 어떤 음식을 좋아하세요?
  （どんな食べ物がお好きですか？）

- ❶ **朝食**   아침 식사

  例) 시간이 없어서 아침 식사를 못 했어요.
  （時間がなくて朝食を取れませんでした。）

- ❶ **昼食**   점심 식사

  例) 이따가 점심 식사 같이 어때요?
  （あとで昼食を一緒にどうですか？）

- ❶ **夕食**   저녁 식사

  例) 저녁 식사는 주로 집에서 합니다.
  （夕食は主に家で食べます。）

- ❶ **メニュー**   메뉴

  例) 여기요! 메뉴 좀 주세요.
  （すみません！ メニューください。）

- ❶ **バイキング**   뷔페

  例) 뷔페에서는 여러가지 음식을 먹을 수 있어요.（バイキングではいろいろな料理が食べられます。）＊「부페」とも言う。

- ❶ お弁当　　　도시락

例）편의점에서 도시락을 샀어요.
（コンビニでお弁当を買いました。）

- ❶ 味　　　맛

例）맛이 어때요?
（味はどうですか？）

- ❷ 献立　　　식단

例）다이어트 식단을 짜고 싶어요.
（ダイエットの献立を組みたいです。）＊「식단」は「食単」の読み。

- ❷ 韓定食　　　한정식

例）한정식 집에서 손님을 접대했어요.
（韓定食の店でお客さんを接待しました。）

- ❷ 韓国料理　　　한식

例）한국에서 한식을 배워 보고 싶어요.
（韓国で韓国料理を学んでみたいです。）

- ❷ 和食　　　일식

例）일식집은 다른 식당보다 비싸 보여요.
（和食の店は他の食堂より高そうです。）

- ❷ 洋食　　　양식

例）사장님이 양식 풀코스를 사 주셨어요.
（社長が洋食のフルコースをご馳走してくださいました。）

- ❷ 中華料理　　　중국요리　[중궁뇨리]

例）아내가 중국요리를 먹고 싶어해요.
（妻が中華料理を食べたがっています。）

- ❷ おつまみ　　　안주

例）한국에서는 안주로 과일을 많이 먹는 것 같아요.
（韓国ではおつまみで果物をよく食べているようです。）

10 食生活

(2) 料理①

□ ❶ ご飯　　　　　　　　　밥

例) 여기요! 밥 하나 주세요.
（すみません！ ご飯一つください。）

□ ❶ スープ　　　　　　　　국

例) 밥은 왼쪽, 국은 오른쪽에 놓습니다.
（ご飯は左側、スープは右側に置きます。）

□ ❶ のり巻き　　　　　　　김밥

例) 바빠서 김밥을 사 먹었어요.
（忙しくて、のり巻きを買って食べました。）

□ ❶ ビビンバ　　　　　　　비빔밥　[비빔빱]

例) 비빔밥은 누구나 다 알아요.（ビビンバは誰でもみんな知っています。）＊「石焼ビビンバ」は「돌솥 비빔밥」。

□ ❶ カルビ　　　　　　　　갈비

例) 한국에 가면 갈비를 꼭 드세요.
（韓国に行ったらカルビを必ず召し上がってください。）

□ ❶ プルコギ　　　　　　　불고기

例) 아이들은 불고기를 좋아해요.
（子供たちはプルコギが好きです。）

□ ❶ 刺身　　　　　　　　　회

例) 어떤 회를 시킬까요?
（どんな刺身を注文しましょうか？）

☐ ❷ 海鮮丼　　　　　**회덮밥**

例）회덮밥은 비빔밥처럼 비벼서 먹어요.
（海鮮丼はビビンバのように混ぜて食べます。）

☐ ❷ 炒飯　　　　　　**볶음밥**

例）요리하기가 귀찮아서 볶음밥을 만들었어요.
（料理するのが面倒くさくて炒飯を作りました。）

☐ ❷ 味噌チゲ　　　　**된장찌개**

例）된장찌개는 자주 만드는 편이에요.
（味噌チゲはよく作るほうです。）

☐ ❷ スンドゥブチゲ　**순두부찌개**

例）일본 사람은 순두부찌개를 좋아하는 것 같아요.
（日本人はスンドゥブチゲが好きなようです。）

☐ ❷ カルビタン　　　**갈비탕**

例）결혼식에 가니까 갈비탕이 나왔어요.
（結婚式に行ったらカルビタンが出ました。）

☐ ❷ ソルロンタン　　**설렁탕**

例）설렁탕은 깍두기하고 같이 먹으면 맛있어요.
（ソルロンタンはカクテキと一緒に食べるとおいしいです。）

☐ ❷ 参鶏湯　　　　　**삼계탕**

例）이모가 만든 삼계탕이 맛있었어요.
（おばが作った参鶏湯がおいしかったです。）

☐ ❷ 海鮮ナベ　　　　**해물탕**

例）이 집의 추천 메뉴는 해물탕이래요.
（この店のおすすめのメニューは海鮮ナベだそうです。）

☐ ❷ お粥　　　　　　**죽**

例）속이 안 좋아서 죽을 먹었어요.
（胃の調子がよくなくてお粥を食べました。）

食生活 (2) 料理②

🎧042

- ❶ **冷麺** — 냉면

  例) 여름에는 냉면을 자주 먹어요.
  (夏は冷麺をよく食べます。)

- ❶ **麺類** — 국수

  例) 저는 국수를 좋아해요.
  (私は麺類が好きです。)

- ❶ **ラーメン** — 라면

  例) 한국의 인스턴트 라면은 맵습니다.
  (韓国のインスタントラーメンは辛いです。)

- ❶ **トッポッキ** — 떡볶이

  例) 떡볶이는 좀 맵지만 맛있어요.
  (トッポッキはちょっと辛いけどおいしいです。)

- ❶ **キムチ** — 김치

  例) 여러 종류의 김치가 있습니다.
  (いろんな種類のキムチがあります。)

- ❶ **ナムル** — 나물

  例) 비빔밥에는 나물을 넣습니다.
  (ビビンバにはナムルを入れます。)

- ❷ **おかず** — 반찬

  例) 한국 식당에서는 반찬이 공짜로 나와요.
  (韓国の食堂ではおかずがただで出ます。)

☐ ❷ 魚　　　　　　　　생선

例）저녁 반찬으로 생선을 두 마리 샀어요.
（夕食のおかずで魚を2匹買いました。）

☐ ❷ ケジャン　　　　게장

例）간장 게장은 생각보다 비싸네요.
（醬油漬けのケジャンは思ったより高いですね。）

☐ ❷ 茶碗蒸し　　　　계란찜

例）일본에도 계란찜이 있지만 맛이 좀 달라요.
（日本にも茶碗蒸しがあるけど、味がちょっと違います。）

☐ ❷ おでん　　　　　오뎅

例）포장마차에서 오뎅을 먹어 본 적이 있어요?
（屋台でおでんを食べてみたことがありますか？）

☐ ❷ 餃子　　　　　　만두

例）고기 만두하고 김치 만두하고 어느 게 좋아요?
（肉餃子とキムチ餃子とどちらがいいですか？）

☐ ❷ ジャージャー麺　짜장면

例）짜장면은 주로 배달 시켜서 먹어요.
（ジャージャー麺は主に出前をとって食べます。）

☐ ❷ パン　　　　　　빵

例）지난 주에 빵 만드는 기계를 샀어요.
（先週、パン作りの機械を買いました。）

☐ ❷ サンドイッチ　　샌드위치

例）점심에는 간단하게 샌드위치를 먹으려고 해요.
（お昼には簡単にサンドイッチを食べようと思います。）

☐ ❷ ハンバーガー　　햄버거

例）요즘 아이들은 햄버거를 좋아하잖아요.
（最近の子供たちはハンバーガーが好きじゃないですか。）

食生活

(3) 飲み物

- ❶ 水 — 물

  例) 여기요! 물 좀 주세요.
  (すみません！ お水ください。)

- ❶ お茶 — 차

  例) 시간 있으면 차라도 한 잔 할까요?
  (時間あったらお茶でも一杯飲みましょうか？)

- ❶ コーヒー — 커피

  例) 매일 아침 커피를 마십니다.
  (毎朝コーヒーを飲みます。)

- ❶ ジュース — 주스

  例) 오렌지 주스 있어요?
  (オレンジジュースありますか？)

- ❶ コーラ — 콜라

  例) 햄버거하고 콜라 주세요.
  (ハンバーガーとコーラください。)

- ❶ 牛乳 — 우유

  例) 커피에 우유를 넣을까요?
  (コーヒーに牛乳を入れましょうか？)

- ❶ お酒 — 술

  例) 술은 얼마나 드세요?
  (お酒はどれぐらいお飲みになりますか？)

☐ ❶ ビール 맥주 [맥쭈]

例) 우선 맥주 두 잔 주세요.
（とりあえず、ビール２杯ください。）＊「生ビール」は「생맥주」。

☐ ❶ 焼酎 소주

例) 전 소주는 못 마셔요.
（私は焼酎は飲めません。）

☐ ❶ マッコリ 막걸리

例) 일본 슈퍼에서도 한국 막걸리를 팔아요.
（日本のスーパーでも韓国のマッコリを売っています。）

☐ ❷ スジョンガ 수정과

例) 수정과를 집에서도 만들어요?（スジョンガを家でも作りますか？）＊「수정과」は、シナモンや干し柿が入った伝統茶。

☐ ❷ しょうが茶 생강차

例) 감기에는 생강차가 좋대요.
（風邪にはしょうが茶がいいですって。）

☐ ❷ 伝統茶 전통차

例) 한국의 전통차는 종류가 정말 많네요.
（韓国の伝統茶は種類が本当に多いですね。）

☐ ❷ 緑茶 녹차

例) 한국에서도 녹차를 많이 마셔요?
（韓国でも緑茶をよく飲みますか？）

☐ ❷ 紅茶 홍차

例) 케이크와 홍차는 잘 어울려요.
（ケーキと紅茶はよく合います。）

☐ ❷ 飲み物 음료수 [음뇨수]

例) 음료수는 뭘로 할래요?
（飲み物は何にしますか？）

食生活

(4) 果物

- ☐ ❶ **果物** — 과일

  例) 한국 친구는 식사 후에 주로 과일을 먹어요.
  (韓国の友達は食後に主に果物を食べます。)

- ☐ ❶ **りんご** — 사과

  例) 아침에 사과를 먹으면 몸에 좋아요?
  (朝、りんごを食べると体にいいですか？)

- ☐ ❶ **バナナ** — 바나나

  例) 예전에는 바나나가 비쌌어요.
  (昔はバナナが高かったです。)

- ☐ ❶ **オレンジ** — 오렌지

  例) 오렌지로 주스를 만들었어요.
  (オレンジでジュースを作りました。)

- ☐ ❷ **桃** — 복숭아

  例) 과일 중에서 복숭아를 제일 좋아해요.
  (果物の中で桃が最も好きです。)

- ☐ ❷ **いちご** — 딸기

  例) 케이크를 만들려고 딸기를 샀어요.
  (ケーキを作ろうと思っていちごを買いました。)

- ☐ ❷ **スイカ** — 수박

  例) 여름에는 냉장고 안에 항상 수박이 있어요.
  (夏は冷蔵庫の中にいつもスイカがあります。)

☐ ❷ ぶどう　　　　　포도

例) 포도 다이어트를 들은 적이 있어요?
（ぶどうダイエットを聞いたことがありますか？）

☐ ❷ 梨　　　　　배

例) 고기를 양념할 때 배를 넣으면 맛있대요.
（お肉の味付けの時、梨を入れるとおいしいんですって。）

☐ ❷ みかん　　　　　귤

例) 한국에서는 귤을 냉장고에 넣어요?
（韓国ではみかんを冷蔵庫に入れますか？）

☐ ❷ 柿　　　　　감

例) 감이 참 크고 다네요.
（柿がとても大きくて甘いですね。）＊「干し柿」は「곶감」。

☐ ❷ まくわうり　　　　　참외

例) 일본에서는 참외를 별로 안 먹는 것 같아요.
（日本ではまくわうりをあまり食べないようです。）

☐ ❷ すもも　　　　　자두

例) 자두는 시어서 잘 안 먹어요.
（すももは酸っぱいのであまり食べません。）

☐ ❷ メロン　　　　　메론

例) 메론이 피로 회복에 좋대요.
（メロンが疲労回復にいいんですって。）

☐ ❷ キウィ　　　　　키위

例) 키위로 드레싱을 만들어 보세요.
（キウィでドレッシングを作ってみてください。）

☐ ❷ マンゴー　　　　　망고

例) 망고는 어떻게 먹으면 돼요?
（マンゴーはどうやって食べればいいですか？）

食生活

(5) おやつ

□ ❶ **お菓子** — 과자

例) 우리 아이는 과자를 매일 먹어요.
(うちの子はお菓子を毎日食べます。)

□ ❶ **クッキー** — 쿠키

例) 쿠키를 한번 만들고 싶어요.
(クッキーを一度作りたいです。)

□ ❶ **アイスクリーム** — 아이스크림

例) 디저트로 바닐라 아이스크림을 드릴까요?
(デザートにバニラアイスを差し上げましょうか？)

□ ❷ **おやつ** — 간식

例) 다이어트를 하기 때문에 간식은 안 먹어요.
(ダイエットをしているので、おやつは食べません。)

□ ❷ **デザート** — 후식

例) 후식은 뭘로 할까요?
(デザートは何にしましょうか？) ＊「디저트」とも言う。

□ ❷ **ケーキ** — 케이크

例) 생일 케이크에 초를 몇 개 꽂을까요?
(バースデーケーキにろうそくを何本さしましょうか？)

□ ❷ **お餅** — 떡

例) 한국에서는 가게를 오픈하면 떡을 돌려요.
(韓国ではお店をオープンしたらお餅を配ります。)

❷ ホットク　호떡

例) 호떡 안에 뭐가 들어 있어요?
（ホットクの中に何が入っていますか？）

❷ チョコレート　초콜릿

例) 초콜릿을 만들어서 선물했어요.
（チョコレートを作ってプレゼントしました。）

❷ ヨーグルト　요구르트

例) 우유는 못 마시지만 요구르트는 괜찮아요.
（牛乳は飲めないですが、ヨーグルトは大丈夫です。）

❷ パッピンス　팥빙수

例) 여름에는 차가운 팥빙수가 좋아요.
（夏には冷たいパッピンスがいいです。）

❷ プリン　푸딩

例) 푸딩을 만들 때는 우유하고 계란이 필요해요.
（プリンを作る時は、牛乳と卵がいります。）

❷ 飴　사탕

例) 사탕으로 만든 부케가 너무 예뻐요.
（飴で作ったブーケがとてもかわいいです。）　＊「캔디」とも言う。

❷ キャラメル　캐러멜

例) 캐러멜을 많이 먹으면 이가 썩어요.
（キャラメルをたくさん食べると、虫歯になります。）

❷ ガム　껌

例) 졸리면 껌을 씹어 보세요.
（眠かったらガムを噛んでみてください。）

❷ ポップコーン　팝콘

例) 팝콘을 먹으면서 영화를 봐요.
（ポップコーンを食べながら映画を見ます。）

食生活

(6) 肉

□ ❶ 肉　　　　　　　　　고기

例) 저녁에 고기 먹으러 갑시다.
（夜お肉を食べに行きましょう。）

□ ❶ 牛肉　　　　　　　쇠고기

例) 국에 쇠고기를 넣었어요.
（スープに牛肉を入れました。） ＊「소고기」とも言う。

□ ❶ 豚肉　　　　　　　돼지고기

例) 돼지고기를 넣어서 김치찌개를 만들었어요.
（豚肉を入れてキムチチゲを作りました。）

□ ❶ 鶏肉　　　　　　　닭고기

例) 닭고기는 칼로리가 낮아요.
（鶏肉はカロリーが低いです。）

□ ❶ 豚の三枚肉　　　　삼겹살

例) 요즘 일본에서는 삼겹살이 인기예요.
（最近、日本ではサムギョプサルが人気です。）

□ ❷ 鴨肉　　　　　　　오리고기

例) 오리고기를 먹어 본 적이 있어요?
（鴨肉を食べたことがありますか？）

□ ❷ 羊肉　　　　　　　양고기

例) 중국에서 먹은 양고기는 맛있었어요.
（中国で食べた羊肉はおいしかったです。）

96

□ ❷ 韓牛　　　　　한우　[하누]

例) 한우는 비싸지만 맛있대요. (韓牛は高いけどおいしいそうで
す。) ＊「한우」は「韓国産牛肉」を指す。

□ ❷ ロース　　　　등심

例) 돈가스는 등심이 맛있는 것 같아요.
(豚カツはロースがおいしいと思います。)

□ ❷ ヒレ　　　　　안심

例) 안심 스테이크로 할래요?
(ヒレステーキにしますか？)

□ ❷ 牛テール　　　소꼬리

例) 이건 소꼬리로 만든 스프예요.
(これは牛テールで作ったスープです。)

□ ❷ 鶏の胸肉　　　닭 가슴살

例) 닭 가슴살을 삶아서 샐러드와 같이 드세요.
(鶏の胸肉をゆでてサラダと一緒に召し上がってください。)

□ ❷ レバー　　　　간

例) 간에는 철분이 많대요.
(レバーには鉄分が多いそうです。)

□ ❷ ハム　　　　　햄

例) 샌드위치에 햄을 넣을까요?
(サンドイッチにハムを入れましょうか？)

□ ❷ ソーセージ　　소시지

例) 요리 교실에서 소시지를 만들었어요.
(料理教室でソーセージを作りました。)

□ ❷ ベーコン　　　베이컨

例) 베이컨을 볶아서 식탁에 냈어요.
(ベーコンを炒めて食卓に出しました。)

食生活

(7) 野菜

- ❶ 野菜　　　채소

  例) 채소를 별로 안 좋아해서 야채 주스를 마셔요. (野菜があまり好きではないので、野菜ジュースを飲みます。) ＊「야채」とも言う。

- ❶ サンチュ　　　상추

  例) 고기를 상추와 같이 먹으면 몸에도 좋아요.
  (お肉をサンチュと一緒に食べると体にもいいです。)

- ❶ キュウリ　　　오이

  例) 아버지는 오이 김치를 좋아하세요.
  (父はキュウリのキムチが好きです。)

- ❷ 唐辛子　　　고추

  例) 고추를 고추장에 찍어서 먹어요?
  (唐辛子をコチュジャンにつけて食べますか？)

- ❷ 白菜　　　배추

  例) 김치는 주로 배추로 담급니다.
  (キムチは主に白菜で漬けます。)

- ❷ ニラ　　　부추

  例) 부추전을 만들어 먹었어요.
  (ニラチヂミを作って食べました。)

- ❷ ほうれん草　　　시금치

  例) 김밥에는 시금치도 들어가요.
  (のり巻きにはほうれん草も入ります。)

- ❷ なす　　　**가지**

例）집에서 가지를 키워요.
（家でなすを育てています。）

- ❷ トマト　　　**토마토**

例）토마토는 과일이 아니라 채소예요.
（トマトは果物ではなく野菜です。）

- ❷ 玉ねぎ　　　**양파**

例）양파를 썰면 매워서 눈물이 나요.
（玉ねぎを切ると辛くて涙が出ます。）

- ❷ じゃがいも　　　**감자**

例）감자를 씻은 후에 삶아 주세요.
（じゃがいもを洗ってからゆでてください。）

- ❷ さつまいも　　　**고구마**

例）떡볶이랑 고구마 튀김을 사 오세요.
（トッポッキとさつまいもの天ぷらを買って来てください。）

- ❷ かぼちゃ　　　**호박**

例）호박을 썰어서 넣으세요. （かぼちゃを切って入れてください。）
＊「ズッキーニ」は「애호박」。

- ❷ にんじん　　　**당근**

例）당근은 볶아서 먹는 게 좋대요.
（にんじんは炒めて食べるのがいいそうです。）

- ❷ 大根　　　**무**

例）한국에서는 무를 갈아서 잘 안 먹어요.
（韓国では大根おろしはあまり食べません。）

- ❷ ねぎ　　　**파**

例）파를 넣으면 더욱 맛있습니다.
（ねぎを入れるともっとおいしいです。）

🎧 048

食生活

(8) 調味料

- ❷ **醤油** — 간장
  - 例) 일본 요리는 간장을 많이 쓰는 것 같아요.
  - (日本の料理は醬油をよく使うと思います。)

- ❷ **塩** — 소금
  - 例) 싱거우면 소금을 넣으세요.
  - (味が薄かったら、塩を入れてください。)

- ❷ **砂糖** — 설탕
  - 例) 설탕을 많이 넣어서 너무 달아요.
  - (砂糖を入れすぎてあまりにも甘いです。)

- ❷ **コショウ** — 후추
  - 例) 후추는 제일 마지막에 넣으면 돼요.
  - (コショウは一番最後に入れればいいです。)

- ❷ **お酢** — 식초
  - 例) 냉면에 식초를 넣을까요?
  - (冷麺にお酢を入れましょうか？)

- ❷ **サラダ油** — 식용유 [시공뉴]
  - 例) 우선 프라이팬에 식용유를 두르세요.
  - (まず、フライパンにサラダ油を入れてください。)

- ❷ **ゴマ油** — 참기름
  - 例) 참기름을 넣어서 고소해요.
  - (ゴマ油を入れたので香ばしいです。)

☐ ❷ **にんにく** 　　　　　**마늘**

例）먼저 마늘을 넣고 조금만 볶으세요.
（まず、にんにくを入れて少しだけ炒めてください。）

☐ ❷ **コチュジャン** 　　**고추장**

例）고추장을 넣고 비비면 됩니다.
（コチュジャンを入れて混ぜればいいです。）

☐ ❷ **味噌** 　　　　　　**된장**

例）오이를 된장에 찍어서 드셔 보세요.
（キュウリを味噌につけて召し上がってみてください。）

☐ ❷ **ゴマ** 　　　　　　**깨**

例）마지막에 깨를 뿌리세요.
（最後にゴマを振りかけてください。）

☐ ❷ **ゴマ塩** 　　　　　**깨소금**

例）깨소금을 넣으시면 더욱 맛있게 드실 수 있습니다.
（ゴマ塩を入れると、もっとおいしく召し上がることができます。）

☐ ❷ **唐辛子の粉** 　　　**고춧가루**

例）김치에 고춧가루가 많이 들어간 것 같아요.
（キムチに唐辛子の粉が入りすぎているようです。）

☐ ❷ **みりん** 　　　　　**미림**

例）조림 요리에는 미림이 들어가요.
（煮付け料理にはみりんが入ります。）

☐ ❷ **ケチャップ** 　　　**케첩**

例）핫도그에 케첩을 뿌려 주세요.
（ホットドッグにケチャップをかけてください。）

☐ ❷ **バター** 　　　　　**버터**

例）빵에 버터를 바르세요.
（パンにバターを塗ってください。）

11 家庭用品

(1) 家具

- ❶ **机** — 책상 [책쌍]

  例) 사전은 책상 위에 있어요.
  （辞書は机の上にあります。）

- ❶ **椅子** — 의자

  例) 이 의자에 앉으세요.
  （この椅子にお座りください。）

- ❶ **本棚** — 책장

  例) 책장에 책이 많네요.
  （本棚に本が多いですね。）

- ❶ **ベッド** — 침대

  例) 큰 침대가 편해요.
  （大きいベッドが楽です。）

- ❶ **ソファー** — 소파

  例) 이사를 하면 소파를 사고 싶어요.
  （引っ越したらソファーが買いたいです。）

- ❶ **テーブル** — 테이블

  例) 방 안에 테이블이 있어요?
  （部屋の中にテーブルがありますか？）

- ❶ **ドア** — 문

  例) 문을 닫고 공부해요.
  （ドアを閉めて勉強します。）

☐ ❶ 窓	창문

例) 더우니까 창문을 열까요?
（暑いので窓を開けましょうか？）

☐ ❷ 家具	가구

例) 가구는 보통 어디에서 사요?
（家具は普通どこで買いますか？）

☐ ❸ タンス	옷장 [옫짱]

例) 옷장이 작아서 옷이 다 안 들어가요.
（タンスが小さくて服が入りきらないです。）

☐ ❹ クローゼット	수납장

例) 이 집은 수납장이 많아서 편리하겠네요.
（この家はクローゼットが多くて便利でしょうね。）

☐ ❺ 靴箱	신발장

例) 부츠가 신발장에 들어가지 않아요.
（ブーツが靴箱に入りません。）

☐ ❻ 食卓	식탁

例) 식탁에 앉아서 같이 식사합시다.
（食卓に座って一緒に食事しましょう。）

☐ ❼ 座敷テーブル	상

例) 사람이 많으니까 큰 상을 꺼낼까요?（人が多いから大きい
テーブルを出しましょうか？）＊「밥상」とも言う。

☐ ❽ ハンガー	옷걸이 [옫꺼리]

例) 옷걸이에 옷을 거세요.
（ハンガーに服をかけてください。）

☐ ❾ 化粧台	화장대

例) 결혼반지는 화장대에 넣어 두었어요.
（結婚指輪は化粧台に入れておきました。）

家庭用品

🎧 050

(2) 家電

□ ❶ **エアコン** | 에어컨

例) 에어컨을 켤까요?
（エアコンをつけましょうか？）

□ ❶ **テレビ** | 텔레비전

例) 텔레비전을 꺼 주세요.
（テレビを消してください。）

□ ❶ **ラジオ** | 라디오

例) 요즘에는 라디오를 잘 안 듣습니다.
（最近はラジオをあまり聞きません。）

□ ❶ **パソコン** | 컴퓨터

例) 제 컴퓨터가 좀 이상해요.
（私のパソコンがちょっとおかしいです。）

□ ❶ **カメラ** | 카메라

例) 휴대폰에 카메라 기능도 있죠?
（携帯電話にカメラ機能もありますよね？）＊「사진기」とも言う。

□ ❷ **冷蔵庫** | 냉장고

例) 남은 음식은 냉장고에 넣어 주세요.（残りの食べ物は冷蔵庫に入れてください。）＊キムチ専用の冷蔵庫は「김치 냉장고」。

□ ❷ **洗濯機** | 세탁기

例) 식구가 많아서 세탁기를 매일 돌려요.
（家族が多くて洗濯機を毎日回します。）

- ❷ 掃除機　　　청소기

例) 청소기 소리가 너무 시끄러워요.
（掃除機の音があまりにもうるさいです。）

- ❷ 扇風機　　　선풍기

例) 더워서 선풍기를 켜 놓고 잤어요.
（暑くて扇風機をつけたまま寝ました。）

- ❷ 加湿器　　　가습기

例) 요즘 건조해서 가습기를 샀어요.
（最近、乾燥しているので加湿器を買いました。）

- ❷ ＣＤプレーヤー　　시디플레이어

例) 아이가 시디플레이어를 만져서 고장났어요.
（子供がＣＤプレーヤーを触ったので壊れました。）

- ❷ ノートパソコン　　노트북

例) 노트북이 가벼워서 쓰기 편해요.
（ノートパソコンが軽くて使いやすいです。）

- ❷ 電子レンジ　　전자레인지

例) 전자레인지로 일 분만 데워서 드세요.
（電子レンジで１分だけ温めて召し上がってください。）

- ❷ ガスレンジ　　가스레인지

例) 가스레인지 밸브를 확인하세요.
（ガスレンジの元栓を確認してください。）

- ❷ 電気炊飯器　　전기밥솥

例) 전기밥솥에 밥이 많이 남아 있어요.
（電気炊飯器の中にご飯がたくさん残っています。）

- ❷ ミキサー　　믹서기

例) 이 믹서기 사용법 좀 가르쳐 주실래요?
（このミキサーの使い方をちょっと教えてもらえますか？）

12 日用品

🎧 051

(1) 部屋の中

□ ❶ **物** — 물건

例) 방에 물건이 많네요.
(部屋に物が多いですね。)

□ ❶ **時計** — 시계

例) 시계가 멈췄어요.
(時計が止まりました。)

□ ❶ **カレンダー** — 달력

例) 새해 달력을 받았어요.
(新年のカレンダーをもらいました。)

□ ❶ **額縁** — 액자

例) 이 그림을 액자에 넣읍시다.
(この絵を額縁に入れましょう。)

□ ❶ **地図** — 지도

例) 지도는 이쪽에 붙여 주세요.
(地図はこちらに貼ってください。)

□ ❶ **ゴミ箱** — 휴지통

例) 쓰레기는 휴지통에 버리세요.
(ゴミはゴミ箱に捨ててください。) ＊「쓰레기통」とも言う。

□ ❷ **おもちゃ** — 장난감

例) 아이하고 같이 장난감을 만들었어요.
(子供と一緒におもちゃを作りました。)

☐ ❷ 人形　　　　　　인형　[이녕]

例）여자 아이라서 인형을 좋아해요.
（女の子なので人形が好きです。）

☐ ❷ 陶磁器　　　　　도자기

例）도자기는 깨지기 쉬우니까 조심하세요.
（陶磁器は割れやすいので気をつけてください。）

☐ ❷ 花瓶　　　　　　꽃병　[꼳뼝]

例）이 꽃은 꽃병에 꽂을까요?
（この花は花瓶に生けましょうか？）

☐ ❷ 鉢植えの花　　　화분

例）친구가 가게를 오픈해서 화분을 보냈어요.
（友達が店をオープンしたので、鉢植えの花を送りました。）

☐ ❷ 箱　　　　　　　상자

例）소포를 보내야 돼서 상자를 사러 가요.
（小包を送らなければならないので、箱を買いに行きます。）

☐ ❷ カーテン　　　　커튼

例）커튼 좀 쳐 주세요.
（カーテンを閉めてください。）

☐ ❷ 布団　　　　　　이불

例）감기 안 걸리게 이불을 덮고 자세요.
（風邪をひかないように、布団をかけて寝てください。）

☐ ❷ 毛布　　　　　　담요　[담뇨]

例）추우니까 담요 한 장 주시겠어요?
（寒いので毛布一枚いただけますか？）

☐ ❷ まくら　　　　　베개

例）저는 베개가 없으면 못 자요.
（私はまくらがないと眠れません。）

12 日用品

(2) バス・キッチン

□ ❶ **石鹸** 　　비누

例) 손은 비누로 씻으세요.
（手は石鹸で洗ってください。）

□ ❶ **シャンプー** 　　샴푸

例) 어떤 샴푸를 써요?
（どんなシャンプーを使っていますか？）

□ ❶ **化粧品** 　　화장품

例) 면세점에서 화장품을 샀어요.
（免税店で化粧品を買いました。）

□ ❶ **コップ** 　　컵

例) 그거 제 컵이에요.
（それは私のコップです。）　＊「カップ」も「컵」。

□ ❶ **スプーン** 　　숟가락

例) 아이 숟가락 있어요?
（子供のスプーンありますか？）

□ ❶ **箸** 　　젓가락

例) 젓가락 필요하세요?
（お箸要りますか？）

□ ❷ **タオル** 　　수건

例) 선물로 수건 세트는 어때요?
（プレゼントにタオルセットはどうですか？）　＊「타월」とも言う。

☐ ❷ 洗剤　　　　세제

例）집들이 때 세제를 사 가지고 갔어요.
（引っ越し祝いのパーティの時、洗剤を買って行きました。）

☐ ❷ 歯ブラシ　　　칫솔

例）전 칫솔을 가지고 다녀요.
（私は歯ブラシを持ち歩きます。）＊「歯磨き粉」は「치약」。

☐ ❷ 鏡　　　　　거울

例）거울이 더러워졌어요.
（鏡が汚れました。）

☐ ❷ トイレットペーパー　휴지

例）집에 올 때 휴지 좀 사 오세요.
（家に帰る時、トイレットペーパーを買って来てください。）

☐ ❷ 包丁　　　　칼

例）칼이 잘 안 들어요.
（包丁の切れ味がよくないです。）

☐ ❷ 鍋　　　　냄비

例）먼저 냄비에 물을 넣고 끓이세요.
（まず、鍋に水を入れて沸かしてください。）

☐ ❷ 皿　　　　접시

例）앞 접시 하나 주세요.
（取り皿1つください。）

☐ ❷ 器　　　　그릇

例）예쁜 그릇이 많네요.
（綺麗な器が多いですね。）

☐ ❷ 保存容器　　반찬통

例）이 반찬통은 안 돌려줘도 돼요.
（この保存容器は返さなくてもいいです。）

日用品

(3) 携帯品

| ❶ 新聞 | 신문 |

例) 매일 신문을 읽으세요?
（毎日、新聞をお読みになりますか？）

| ❶ 雑誌 | 잡지 [잡찌] |

例) 미용실에 가면 잡지를 봐요.
（美容室に行ったら、雑誌を見ます。）

| ❶ 本 | 책 |

例) 책이 많아서 무겁네요.
（本が多くて重いですね。）

| ❶ カバン | 가방 |

例) 이건 누구 가방이에요?
（これは誰のカバンですか？）

| ❶ 財布 | 지갑 |

例) 지갑을 선물로 받았어요.
（財布をプレゼントでもらいました。）

| ❶ ハンカチ | 손수건 |

例) 손수건을 잃어버렸어요.
（ハンカチを失くしました。）

| ❶ 傘 | 우산 |

例) 우산을 가지고 가세요.
（傘を持って行ってください。）

☐ ❶ **タバコ** 　　　　담배

例) 담배는 언제부터 피웠어요?
（タバコはいつから吸いましたか？）

☐ ❷ **手帳** 　　　　수첩

例) 수첩에 메모를 안 하면 잊어버려요.
（手帳にメモをしないと忘れます。）

☐ ❸ **鍵** 　　　　열쇠

例) 열쇠는 항상 놓던 곳에 놓으세요.
（鍵はいつものところに置いてください。）

☐ ❹ **現金** 　　　　현금

例) 현금으로 사면 더 싸게 살 수 있대요.
（現金で買えばもっと安く買えるそうです。）

☐ ❺ **クレジットカード** 　　신용카드

例) 이 식당에서는 신용카드가 안 돼요?
（この食堂ではクレジットカードが使えないですか？）

☐ ❻ **通帳** 　　　　통장

例) 한국에서는 통장 만들기가 간단해요?
（韓国では通帳を作るのが簡単ですか？）

☐ ❼ **袋** 　　　　봉투

例) 봉투가 있으면 하나 주실래요?（袋があったら1ついただけますか？）＊「봉투」は、封筒や紙袋、ビニール袋などに幅広く使える。

☐ ❽ **ティッシュ** 　　　티슈

例) 티슈를 항상 가지고 다녀요.
（ティッシュを常に持ち歩きます。）

☐ ❾ **日傘** 　　　　양산

例) 여름에는 양산을 써요.
（夏は日傘を差します。）

🎧 054

(1) 体の部位

- [ ] ❶ 体 — 몸

  例) 제 여동생은 몸이 약해요.
  （私の妹は体が弱いです。）

- [ ] ❶ 頭 — 머리

  例) 머리가 좋네요.
  （頭がいいですね。）

- [ ] ❶ 顔 — 얼굴

  例) 형제라서 얼굴이 닮았어요.
  （兄弟なので顔が似ています。）

- [ ] ❶ 額 — 이마

  例) 이마가 넓지요?
  （額が広いでしょう？）

- [ ] ❶ 目 — 눈

  例) 컴퓨터를 오래 봐서 눈이 피곤해요.
  （パソコンを長時間見たので、目が疲れます。）

- [ ] ❶ 鼻 — 코

  例) 코감기에 걸렸어요.
  （鼻かぜにかかりました。）

- [ ] ❶ 口 — 입

  例) 입을 크게 벌리세요.
  （口を大きく開けてください。）

☐ ❶ 耳　　　　　　　귀

例）우리 할머니는 귀가 잘 안 들리세요.
（うちの祖母は耳がよく聞こえないです。）

☐ ❶ 首　　　　　　　목

例）기린은 목이 길어요.
（キリンは首が長いです。）＊「喉」も「목」。

☐ ❶ 肩　　　　　　　어깨

例）어깨 결림이 심해요.
（肩こりがひどいです。）

☐ ❶ 胸　　　　　　　가슴

例）기침이 심해서 가슴이 아파요.
（咳がひどくて胸が痛いです。）

☐ ❶ お腹　　　　　　배

例）배 불러서 못 먹겠어요.
（お腹がいっぱいで食べられません。）

☐ ❶ 背中　　　　　　등

例）아기를 등에 업었어요.
（赤ちゃんを背中におんぶしました。）

☐ ❶ 腰　　　　　　　허리

例）허리 디스크에는 수영이 좋아요.
（ヘルニアには水泳がいいです。）

☐ ❶ 腕　　　　　　　팔

例）짐을 계속 들고 있어서 팔이 아팠어요.
（荷物をずっと持っていたので腕が痛かったです。）

☐ ❶ 脚　　　　　　　다리

例）많이 걸어서 다리가 아프죠?
（けっこう歩いたので脚が痛いでしょう？）

13 身体

(2) その他

🎧 055

□ ❶ **手** — 손

例) 손을 잡고 걸었어요.
（手を繋いで歩きました。）

□ ❶ **足** — 발

例) 발 사이즈가 어떻게 되세요?
（足のサイズはいくつですか？）

□ ❶ **膝** — 무릎

例) 넘어져서 무릎을 다쳤어요.
（転んで膝を怪我しました。）

□ ❶ **涙** — 눈물

例) 어머니는 눈물이 많아요.
（母は涙もろいです。）

□ ❶ **身長** — 키

例) 키가 크시네요.
（背が高いですね。） ＊「背が低い」は「키가 작다」。

□ ❷ **手首** — 손목

例) 컴퓨터를 많이 써서 손목이 아픈 것 같아요.
（パソコンを使いすぎて手首が痛いようです。）

□ ❷ **足首** — 발목

例) 발목을 삐어서 못 걸어요.
（足首を捻挫して歩けません。）

□ ❷ 指 **손가락**

例）반지가 손가락에 딱 맞아요.
（指輪が指にぴったりはまります。）

□ ❷ 足の指 **발가락**

例）발가락 양말을 신어 봤어요?
（五本指ソックスを履いてみましたか？）

□ ❷ 爪 **손톱**

例）손톱이 길어서 잘라야 돼요.（爪が長いので切らなければなり
ません。）＊「足の指の爪」は「발톱」。

□ ❷ 髪の毛 **머리카락**

例）스트레스 때문에 머리카락이 많이 빠져요.
（ストレスのせいで髪の毛がかなり抜けます。）

□ ❷ ひじ **팔꿈치**

例）벽에 팔꿈치를 부딪쳤어요.
（壁にひじをぶつけました。）

□ ❷ 肌 **피부**

例）이걸로 마사지하면 피부가 좋아집니다.
（これでマッサージをすると肌がきれいになります。）

□ ❷ 声 **목소리**

例）목소리가 작아서 잘 안 들리는데요.
（声が小さくてよく聞こえませんが。）

□ ❷ 血液型 **혈액형** ［혀래켱］

例）혈액형이 뭐예요?
（血液型は何ですか？）

□ ❷ 体重 **몸무게**

例）몸무게가 작년보다 늘었어요.
（体重が去年より増えました。）

14 病気関連

病気関連

- ❶ 風邪 — 감기

  例) 감기 걸렸어요?
  （風邪ひきましたか？）

- ❶ 薬 — 약

  例) 약 먹었어요?
  （薬を飲みましたか？）

- ❷ 病気 — 병

  例) 의사가 무슨 병이래요?
  （医者が何の病気だと言いましたか？）

- ❷ インフルエンザ — 독감 [독깜]

  例) 독감인 것 같아요.
  （インフルエンザみたいです。）＊「독감」は「毒感」の読み。

- ❷ 咳 — 기침

  例) 아이가 기침을 해요.
  （子供が咳をします。）

- ❷ くしゃみ — 재채기

  例) 먼지 때문에 재채기가 계속 나와요.
  （ほこりのせいで、くしゃみが出続けます。）

- ❷ 鼻水 — 콧물 [콘물]

  例) 콧물이 안 멈춰요.
  （鼻水が止まりません。）

□ ❷ 熱　　　　　**열**

例）한밤중에 열이 났어요.
（真夜中に熱が出ました。）

□ ❷ 汗　　　　　**땀**

例）땀이 많이 났네요.
（汗がけっこう出ましたね。）

□ ❷ 鼻血　　　　**코피**

例）갑자기 코피가 났어요.
（急に鼻血が出ました。）

□ ❷ 疲れからくる病気　　**몸살**

例）몸살이 나서 몸이 나른해요. （疲れで体がだるいです。）
　＊「몸살」の症状は体がだるく、悪寒も出る。

□ ❷ 腹痛　　　　**배탈**

例）배탈이 나서 아무 것도 못 먹어요.
（腹痛で何も食べられません。）

□ ❷ 傷　　　　　**상처**

例）상처에 바르는 약 있어요?
（傷に塗る薬ありますか？）

□ ❷ 胃薬　　　　**소화제**

例）소화제를 먹으면 괜찮을 거예요. （胃薬を飲むとよくなると思います。）　＊「소화제」は「消化剤」の読み。

□ ❷ 注射　　　　**주사**

例）감기가 심하면 주사를 맞기도 해요.
（風邪がひどいと注射をしたりもします。）

□ ❷ 花粉症　　　**꽃가루 알레르기**

例）일본에 와서 꽃가루 알레르기가 생겼어요.
（日本に来て花粉症になりました。）

15

自然

(1) 自然

- ❶ 山 — 산

  例) 산으로 캠핑을 갑시다.
  (山へキャンプに行きましょう。)

- ❶ 海 — 바다

  例) 여름에는 바다에 가고 싶어요.
  (夏は海へ行きたいです。)

- ❶ 川 — 강

  例) 낚시를 하러 가끔 강에 가요.
  (釣りをしにたまに川に行きます。)

- ❶ 太陽 — 해

  例) 해는 보통 몇 시쯤에 떠요?
  (太陽は普通何時頃昇りますか？) ＊「태양」とも言う。

- ❶ 月 — 달

  例) 빌딩 때문에 달이 잘 안 보여요.
  (ビルのせいで月があまり見えません。)

- ❶ 星 — 별

  例) 오늘 밤에는 별이 많이 보이네요.
  (今晩は星がいっぱい見えますね。)

- ❶ 風 — 바람

  例) 바람도 많이 불어요.
  (風も強いです。)

① 雲　　　　　　　　　　구름

例）구름도 없고 날씨가 좋아요.
（雲もないし、天気がいいです。）

② 自然　　　　　　　　자연

例）자연을 보호합시다.
（自然を守りましょう。）

② 環境　　　　　　　　환경

例）요즘에는 친환경 제품이 많아요.
（最近は環境に優しい製品が多いです。）

② 空　　　　　　　　　하늘

例）하늘을 날고 싶어요.
（空を飛びたいです。）

② 地面　　　　　　　　땅

例）손수건이 땅에 떨어졌어요.
（ハンカチが地面に落ちました。）

② 丘　　　　　　　　　언덕

例）시골 집 뒤에는 언덕이 있어요.
（田舎の家の裏には丘があります。）

② 森　　　　　　　　　숲

例）숲 속을 걸으면 기분이 좋아져요.
（森の中を歩くと気分がよくなります。）

② 湖　　　　　　　　　호수

例）호수가 넓어서 바다 같아요.
（湖が広くて海みたいです。）

② 空気　　　　　　　　공기

例）공기가 좋은 곳에서 살고 싶습니다.
（空気が良いところで暮らしたいです。）

15

自然

(2) 季節・気象

□ ❶ **春**   봄

例) 저는 봄을 제일 좋아해요.
（私は春が一番好きです。）

□ ❶ **夏**   여름

例) 여름 방학에는 시골에 가요.
（夏休みには田舎に帰ります。）

□ ❶ **秋**   가을

例) 가을 옷을 사고 싶어요.
（秋物の服を買いたいです。）

□ ❶ **冬**   겨울

例) 한국의 겨울은 정말 춥습니다.
（韓国の冬は本当に寒いです。）

□ ❶ **天気**   날씨

例) 다음 주 날씨는 어때요?
（来週の天気はどうですか？）

□ ❶ **雪**   눈

例) 도쿄에는 눈이 별로 안 와요.
（東京は雪があまり降りません。）

□ ❶ **雨**   비

例) 어제는 비가 많이 내렸어요.
（昨日は雨がたくさん降りました。）

□ ❶ 梅雨　　　　　장마

例）한국은 장마가 언제부터예요?
（韓国では梅雨はいつからですか？）　＊「梅雨時」は「장마철」。

□ ❶ 湿気　　　　　습기

例）장마철은 습기 때문에 힘들어요.
（梅雨時は湿気のせいで大変です。）

□ ❷ 温度　　　　　온도

例）오늘은 어제보다 온도가 낮대요.
（今日は昨日より温度が低いそうです。）　＊「零下」は「영하」。

□ ❷ 台風　　　　　태풍

例）일본은 태풍이 많이 오는 것 같아요.
（日本は台風がよく来るみたいです。）

□ ❷ 雷　　　　　천둥

例）천둥 소리가 무섭네요.
（雷が怖いですね。）

□ ❷ 稲妻　　　　　번개

例）방금 번개 친 거 봤어요?
（今さっきの稲妻見ましたか？）

□ ❷ 地震　　　　　지진

例）지진이 나면 어떻게 해야 돼요?
（地震が起きたらどうすればいいですか？）

□ ❷ 黄砂　　　　　황사

例）황사 때문에 마스크를 해야 돼요.
（黄砂のせいでマスクをしなければなりません。）

□ ❷ 季節　　　　　계절

例）어떤 계절을 제일 좋아하세요?
（どんな季節が一番お好きですか？）

自然

(3) 動物・植物

- □ ❶ 子犬　　　　　　　　강아지

  例) 강아지를 기르고 싶어요.
  （子犬を飼いたいです。） ＊「犬」は「개」。

- □ ❶ 猫　　　　　　　　　고양이

  例) 저는 고양이를 좋아하지 않아요.
  （私は猫が好きではありません。）

- □ ❶ 鶏　　　　　　　　　닭

  例) 닭은 아침 일찍 웁니다.
  （鶏は朝早く鳴きます。）

- □ ❶ 豚　　　　　　　　　돼지

  例) 돼지는 '꿀꿀' 하고 울어요.
  （豚は「ぶーぶー」と鳴きます。）

- □ ❶ 牛　　　　　　　　　소

  例) 소처럼 천천히 걸어요.
  （牛のようにゆっくり歩きます。）

- □ ❶ 木　　　　　　　　　나무

  例) 나무 밑에서 잠깐 쉬어요.
  （木の下でちょっと休憩しましょう。）

- □ ❶ 花　　　　　　　　　꽃

  例) 무슨 꽃을 좋아해요?
  （何の花が好きですか？）

□ ❶ 桜 　　　　　　　　　　벚꽃

例) 한국에도 벚꽃이 있어요?
（韓国にも桜がありますか？）

□ ❷ 動物 　　　　　　　　　동물

例) 전 동물을 좋아하는 편이에요.
（私は動物が好きなほうです。）＊「ペット」は「애완동물」。

□ ❸ 植物 　　　　　　　　식물 ［싱물］

例) 이 식물원에는 열대 식물이 많네요.
（この植物園には熱帯植物が多いですね。）

□ ❹ 虎 　　　　　　　　　　호랑이

例) 한국 지도는 호랑이 모양이에요.
（韓国の地図は虎の形です。）

□ ❺ アヒル 　　　　　　　　오리

例) 오리 걷는 모습이 너무 귀여워요.
（アヒルの歩く姿がとてもかわいいです。）

□ ❻ ムクゲ 　　　　　　　무궁화

例) 한국의 국화는 무궁화입니다.
（韓国の国花はムクゲです。）

□ ❼ ツツジ 　　　　　　　진달래

例) 올봄에는 진달래가 많이 피었어요.
（今年の春はツツジがたくさん咲きました。）

□ ❽ バラ 　　　　　　　　장미

例) 남자 친구가 장미를 보냈어요.
（彼氏がバラを送りました。）

□ ❾ 草 　　　　　　　　　　풀

例) 이 풀은 희한하네요. 무슨 풀이에요?
（この草は珍しいですね。何の草ですか？）

娯楽

(1)
スポーツ①

- ❶ **スポーツ** スポーツ

  例) 어떤 스포츠를 좋아하세요?
  (どんなスポーツが好きですか?)

- ❶ **野球** 야구

  例) 지금 야구 시즌이에요.
  (今野球のシーズンです。) ＊「プロ野球」は「프로야구」。

- ❶ **サッカー** 축구 [축꾸]

  例) 같이 축구를 봅시다.
  (一緒にサッカーを見ましょう。)

- ❶ **バスケットボール** 농구

  例) 그 사람은 농구 선수예요.
  (その人はバスケットボールの選手です。)

- ❶ **バレーボール** 배구

  例) 배구는 재미있어요?
  (バレーボールは面白いですか?)

- ❶ **水泳** 수영

  例) 저는 수영을 잘해요.
  (私は水泳が得意です。)

- ❶ **エアロビクス** 에어로빅

  例) 주말에는 에어로빅을 해요.
  (週末はエアロビクスをします。)

□ ❶ ジョギング　**조깅**

例）매일 조깅을 합니다.
（毎日ジョギングをします。）

□ ❶ 相撲　**스모**

例）저 스모 선수는 어느 나라 사람입니까?
（あの力士はどこの国の人ですか？）

□ ❶ 韓国相撲　**씨름**

例）한국의 씨름은 어때요?
（韓国相撲はどうですか？）

□ ❶ ゴルフ　**골프**

例）제 취미는 골프예요.
（私の趣味はゴルフです。）

□ ❶ 登山　**등산**

例）다음 주에 아버지하고 등산하러 갑니다.
（来週父と登山しに行きます。）

□ ❶ スキー　**스키**

例）겨울에는 스키를 타요.
（冬はスキーをします。）

□ ❶ テニス　**테니스**

例）테니스를 잘 치시네요.
（テニスがお上手ですね。）

□ ❷ バドミントン　**배드민턴**

例）배드민턴은 못 쳐요.
（バドミントンはできません。）

□ ❷ ボウリング　**볼링**

例）볼링을 친 적이 있어요?
（ボウリングをやったことがありますか？）

16 娯楽

(1) スポーツ②

□ ❷ **ウォーキング** — 걷기

例) 공원에서 걷기 운동을 해요.
(公園でウォーキングをします。) ＊「워킹」とも言う。

□ ❷ **ヨガ** — 요가

例) 언제부터 요가를 시작했어요?
(いつからヨガを始めましたか？)

□ ❷ **柔道** — 유도

例) 유도는 일본의 스포츠예요.
(柔道は日本のスポーツです。)

□ ❷ **テコンドー** — 태권도 [태꿘도]

例) 요즘에는 태권도를 배우는 일본 사람이 많대요.
(最近はテコンドーを習う日本人が多いそうです。)

□ ❷ **ボクシング** — 복싱 [복씽]

例) 저 선수가 복싱 세계 챔피언이에요.
(あの選手がボクシングの世界チャンピオンです。)

□ ❷ **レスリング** — 레슬링

例) 아이들이 집에서 레슬링을 하면서 놀아요.
(子供たちが家でレスリングをして遊びます。)

□ ❷ **卓球** — 탁구 [탁꾸]

例) 저는 탁구부예요.
(私は卓球部です。)

新装版 できる韓国語 初級 単語集

●**この本をどこでお知りになりましたか？**(いくつでも)
　□書店で見て　　　　　　□広告を見て
　□先生などの推薦で　　　□友人・知人の勧めで
　□ホームページで見て(サイト名：　　　　　　　　　　)
　□その他(　　　　　　　　　　　　　　　　　　　　　)

●**この本を買った理由は？**(いくつでも)
　□レベルや内容がちょうど良いから
　□量がちょうど良いから　　□見やすいから
　□値段が手頃だから　　　　□タイトルが気に入ったから
　□著者が信頼できるから　　□デザインが気に入ったから
　□その他(　　　　　　　　　　　　　　　　　　　　　)

●**韓国語学習の目的について教えてください。**
　□趣味のため　　□旅行のため　　　□留学のため
　□仕事のため(職種：　　　　　　　　)
　□検定取得のため
　　　　□ハングル能力検定(　　　級)
　　　　□韓国語能力試験(　　　級)
　　　　□その他(　　　　　　　　　　　　　　)
　□その他(　　　　　　　　　　　　　　　　　　　　　)

●**今後、韓国語関連の商品としてほしいもの、本書に関するご
　意見、ご感想などをご自由にお書きください。**

お書きいただいたコメントを弊社宣伝物に掲載させていただいてもよろ
しいでしょうか？お名前など個人情報は伏せさせていただきます。
★掲載を希望されない場合、チェックをしてください。→□

ご協力ありがとうございました。

ご記入いただいた個人情報は厳重に保管し、弊社出版物・関連情報の送付に必要な範囲で
委託先に提供する場合を除き、第三者に提供することはありません。

郵 便 は が き

料金受取人払郵便

１６２−８７９０

牛込局承認

1099

差出有効期限
令和4年
3月25日まで

（受取人）
東京都新宿区下宮比町2−6
株式会社アスク出版
韓国語テキスト係 行

20-03

お買い上げいただき、誠にありがとうございます。今後の企画の参考にさせていただきますので、アンケートにご協力ください。

パソコンからお答えいただくこともできます。
https://www.ask-books.com/support/

携帯電話からもお答えいただけます。右のQRコードからアクセスしてください。

★弊社からの新刊のご案内が不要の場合、チェックをしてください。→□

お名前(ふりがな)	1. 男性　2. 女性	歳

ご住所 〒

TEL　　　（　　　）　　　　E-mail

ご職業

●この本をどこでご購入なさいましたか？(書店名、サイト名など)

●どのような新聞・雑誌を購読なさっていますか？
　新聞：　　　　　　　　雑誌：

☐ ❷ 乗馬 / 승마

例) 승마를 하면 건강에 좋아요.
（乗馬をやると健康にいいです。）

☐ ❷ 体操 / 체조

例) 체조 선수는 몸이 유연해요.
（体操の選手は体が柔らかいです。）

☐ ❷ スケート / 스케이트

例) 내일 스케이트를 타러 가요.
（明日スケートをしに行きます。）

☐ ❷ 徒競走 / 달리기

例) 운동회에서 달리기 시합이 있어요.
（運動会で徒競走があります。）

☐ ❷ マラソン / 마라톤

例) 마라톤에서 금메달을 땄어요.
（マラソンで金メダルを取りました。）

☐ ❷ オリンピック / 올림픽

例) 올림픽 중계를 꼭 봐요.
（オリンピックの中継を必ず見ます。）

☐ ❷ ワールドカップ / 월드컵

例) 월드컵을 보러 스페인에 갔다 왔어요.
（ワールドカップを見にスペインに行ってきました。）

☐ ❷ 競技 / 경기

例) 올림픽에는 어떤 경기가 있어요?
（オリンピックにはどんな競技がありますか？）

☐ ❷ チーム / 팀

例) 저 선수는 어느 팀 선수예요?
（あの選手はどのチームの選手ですか？）

16 娯楽

(2) 趣味

□ ❶ **読書**   **독서** [독써]

例) 가을은 독서의 계절이에요.
（秋は読書の季節です。）＊「小説」は「소설」。

□ ❶ **音楽鑑賞**   **음악 감상**

例) 음악 감상을 자주 해요.（音楽鑑賞をよくします。）
＊「映画鑑賞」は「영화 감상」。

□ ❶ **歌**   **노래**

例) 저는 한국 노래를 좋아해요.
（私は韓国の歌が好きです。）

□ ❶ **楽器**   **악기** [악끼]

例) 어떤 악기를 연주해요?
（どんな楽器を演奏しますか？）

□ ❶ **ギター**   **기타**

例) 저 사람은 기타를 정말 잘 쳐요.（あの人はギターが本当に上手に弾けます。）＊「ピアノを弾く」は「피아노를 치다」。

□ ❶ **バレエ**   **발레**

例) 우리 딸은 요즘 발레를 배워요.
（うちの娘は最近バレエを習っています。）

□ ❶ **アニメーション**   **애니메이션**

例) 일본 애니메이션은 유명해요.
（日本のアニメーションは有名です。）＊「漫画」は「만화」。

☐ ❶ 美術　　　미술

例）누나는 미술 선생님이에요.
（姉は美術の先生です。）

☐ ❷ 絵　　　그림

例）저는 그림을 잘 못 그려요.
（私は絵が下手です。）

☐ ❷ 作品　　　작품

例）이 작품은 정말 아름답네요.
（この作品は本当に美しいですね。）　＊「展示会」は「전시회」。

☐ ❷ 演劇　　　연극

例）연극 티켓은 샀어요?
（演劇のチケットは買いましたか？）

☐ ❷ ミュージカル　　　뮤지컬

例）가족들끼리 뮤지컬을 보러 가요.
（家族でミュージカルを見に行きます。）

☐ ❷ 海外旅行　　　해외여행

例）돈이 있으면 해외여행을 가고 싶어요.
（お金があれば、海外旅行に行きたいです。）

☐ ❷ ゲーム　　　게임

例）인터넷으로 게임을 해요.
（インターネットでゲームをします。）

☐ ❷ 釣り　　　낚시　［낙씨］

例）낚시는 주로 어디에서 해요?
（釣りは主にどこでやりますか？）

☐ ❷ 趣味　　　취미

例）취미가 참 많으시네요.
（趣味がかなり多いですね。）

16 娯楽

(3) 韓流

🎧 063

□ ❶ **映画**   영화

例) 이 영화는 슬퍼요.
（この映画は悲しいです。）

□ ❶ **ドラマ**   드라마

例) 요즘은 무슨 드라마를 봐요?
（最近はどんなドラマを見ていますか？）

□ ❶ **音楽**   음악 [으막]

例) 음악을 듣고 싶어요.
（音楽が聞きたいです。）

□ ❶ **コンサート**   콘서트

例) 도쿄돔에서 콘서트를 해요.
（東京ドームでコンサートをします。）

□ ❶ **ファン**   팬

例) 저는 저 배우의 팬이에요.
（私はあの俳優のファンです。） ＊「ファンクラブ」は「팬클럽」。

□ ❶ **サイン**   사인

例) 지난번에 사인을 받았어요.
（前回サインをもらいました。） ＊「サイン会」は「사인회」。

□ ❶ **人気**   인기 [인끼]

例) 요즘 한국 연예인의 인기가 많아요.
（最近韓国の芸能人の人気が高いです。）

❷ 踊り　춤

例) 그 가수는 춤을 잘 춰요.
(その歌手は踊りがうまいです。) ＊「ダンス」は「댄스」。

❷ 歌謡　가요

例) 요즘 자주 듣는 가요예요.
(最近よく聞いている歌謡曲です。) ＊「K-POP」は「케이팝」。

❷ 公演　공연

例) 다음 공연은 언제예요?
(次の公演はいつですか？)

❷ テレビ番組　TV 프로그램

例) 좋아하는 한국 TV 프로그램이 있어요?
(好きな韓国のテレビ番組はありますか？)

❷ 熱気　열기

例) 라이브 열기가 정말 대단했어요.
(ライブの熱気が本当にすごかったです。)

❷ 流行　유행

例) 이런 헤어 스타일이 요즘 유행이래요.
(こんな髪型が最近の流行らしいです。)

❷ 話題　화제

例) 그 탤런트는 요즘 결혼해서 화제가 됐어요.
(そのタレントは最近結婚して話題になりました。)

❷ 韓流　한류　[할류]

例) 한류 스타는 정말 멋있어요.
(韓流スターは本当に格好いいです。)

❷ 韓流グッズ　한류 상품

例) 신오쿠보에서 한류 상품을 많이 팔아요.
(新大久保で韓流グッズをたくさん売っています。)

17

(1)
衣類

□ ❶ 服　　　　　　　　　　　옷

例) 그 옷 참 예쁘네요.
（その服、とてもかわいいですね。）

□ ❶ スカート　　　　　　　치마

例) 치마가 너무나 짧아요.
（スカートがあまりにも短いです。）

□ ❶ ズボン　　　　　　　　바지

例) 바지가 좀 작아요.
（ズボンが少し小さいです。）

□ ❶ ジーンズ　　　　　　　청바지

例) 저는 요즘 청바지를 안 입어요.
（私は最近ジーンズをはきません。）

□ ❷ 長ズボン　　　　　　　긴바지

例) 긴바지는 불편해요.
（長ズボンは不便です。）

□ ❷ 半ズボン　　　　　　　반바지

例) 반바지를 입으면 시원해요.
（半ズボンをはくと涼しいです。）

□ ❷ 下着　　　　　　　　　속옷 [소곳]

例) 지금 속옷 세일한대요. （今、下着のセールをやっているそうです。） ＊冬用の厚手の下着は「내복」。

□ ❷ シャツ   셔츠

例) 셔츠를 좀 사야 돼요. (シャツを少し買わなければなりません。) ＊「Tシャツ」は「티셔츠」。

□ ❷ ワイシャツ   와이셔츠

例) 회사에 갈 때 와이셔츠를 입어요.
（会社に行く時にワイシャツを着ます。）

□ ❷ ブラウス   블라우스

例) 아이 블라우스도 팔아요?
（子供のブラウスも売っていますか？）

□ ❷ セーター   스웨터

例) 겨울에는 스웨터가 제일 따뜻해요.
（冬はセーターが一番暖かいです。）

□ ❷ カーディガン   가디건

例) 쌀쌀하니까 가디건을 가지고 가세요.
（肌寒いからカーディガンを持って行ってください。）

□ ❷ ワンピース   원피스

例) 원피스가 잘 어울리시네요.
（ワンピースがよくお似合いですね。）

□ ❷ ジャケット   재킷

例) 이 재킷은 제가 제일 좋아하는 거예요.
（このジャケットは私の一番のお気に入りです。）

□ ❷ ジャンパー   점퍼

例) 등산하러 갈 때는 점퍼가 필요해요.
（登山の時はジャンパーが必要です。）

□ ❷ コート   코트

例) 코트를 입어도 추워요?
（コートを着ても寒いですか？）

17 ファッション

17 ファッション

🎧 065

(2) 衣装・靴

□ ❶ 靴　　　　　　　신발

例) 서울에는 신발 가게가 많아요.
（ソウルには靴屋が多いです。）

□ ❶ 皮靴　　　　　　구두

例) 아버지 선물로 구두를 샀어요.
（父のプレゼントに皮靴を買いました。）

□ ❶ 運動靴　　　　　운동화

例) 운동회 때는 운동화를 신어요.
（運動会の時は運動靴を履きます。）

□ ❶ トレーニングウェア　운동복

例) 운동복을 입고 조깅을 해요. （トレーニングウェアを着てジョギングをします。） ＊「운동복」は「運動服」の読み。

□ ❶ 水着　　　　　　수영복

例) 바다에서 수영복을 입었어요.
（海で水着を着ました。）

□ ❶ スキーウェア　　스키복

例) 스키장에서 스키복을 빌릴 수 있어요?
（スキー場でスキーウェアを借りられますか？）

□ ❶ 登山服　　　　　등산복

例) 등산복은 안 입어도 돼요.
（登山服は着なくてもいいです。）

❶ ウェディングドレス　웨딩드레스

例) 결혼식 때 어떤 웨딩드레스를 입어요?
（結婚式の時どんなウェディングドレスを着ますか？）

❶ 韓服　한복

例) 한복은 한국의 전통 의상이에요.
（韓服は韓国の伝統衣装です。）

❶ 着物　기모노

例) 기모노는 아주 비싸요.
（着物はとても高いです。）

❷ スーツ　정장

例) 면접 때는 정장을 입고 가세요.（面接の時はスーツを着て行ってください。）＊「정장」は「正装」の読み。

❷ 背広　양복

例) 양복은 남자들만 입어요.
（背広は男性だけが着ます。）

❷ ゴルフウェア　골프웨어

例) 골프웨어는 어디 게 좋아요?
（ゴルフウェアはどこのものがいいですか？）

❷ ジャージ　추리닝

例) 추리닝을 입고 자요?
（ジャージを着て寝ますか？）

❷ 上履き　실내화　[실래와]

例) 교실에서는 실내화를 신어요.
（教室では上履きを履きます。）

❷ スリッパ　슬리퍼

例) 거실에서는 슬리퍼를 안 신어요.
（リビングではスリッパを履きません。）

17  (3) アクセサリー

□ ❶ **帽子** 　　모자

例) 여름에는 모자를 써요.
（夏は帽子をかぶります。）

□ ❶ **メガネ** 　　안경

例) 안경을 잃어버렸어요.
（メガネをなくしました。）

□ ❶ **イヤリング** 　　귀걸이

例) 아내에게 귀걸이를 선물했어요.
（妻にイヤリングをプレゼントしました。）

□ ❶ **ネックレス** 　　목걸이 [목꺼리]

例) 그 가게에는 목걸이가 많아요.
（そのお店にはネックレスが多いです。）

□ ❶ **指輪** 　　반지

例) 이건 결혼 반지예요.
（これは結婚指輪です。）

□ ❶ **靴下** 　　양말

例) 양말을 안 신었어요?
（靴下を履いていませんか？）

□ ❷ **カチューシャ** 　　머리띠

例) 요즘은 머리띠를 하는 남자도 있네요.
（最近はカチューシャをしている男性もいますね。）

- ❷ サングラス　　　**선글라스**

例) 외출할 때는 선글라스를 써요.
（外出する時はサングラスをかけます。）

- ❷ ネクタイ　　　**넥타이**

例) 여름에는 회사에서 넥타이를 안 매도 돼요?
（夏は会社でネクタイをしなくてもいいですか？）

- ❷ マフラー　　　**목도리**　[목또리]

例) 추울 때 목도리를 하면 따뜻해요.
（寒い時マフラーをすると暖かいです。）

- ❷ ベルト　　　**벨트**

例) 바지가 커서 벨트를 해야 돼요.
（ズボンが大きくてベルトをしなければなりません。）

- ❷ 腕時計　　　**손목시계**

例) 이 손목시계는 아버지한테서 받은 거예요.
（この腕時計は父からもらったものです。）

- ❷ ブレスレット　　　**팔찌**

例) 이거하고 똑같은 팔찌 있어요?
（これと同じブレスレットはありますか？）

- ❷ 手袋　　　**장갑**

例) 겨울에 자전거를 탈 때는 장갑을 끼세요.
（冬に自転車に乗る時は、手袋をしてください。）

- ❷ ストッキング　　　**스타킹**

例) 더운데 스타킹을 신어요?
（暑いのにストッキングをはくんですか？）

- ❷ アクセサリー　　　**액세서리**

例) 저는 액세서리 하는 걸 좋아해요.
（私はアクセサリーをつけることが好きです。）

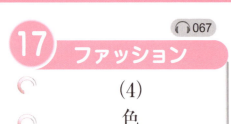

(4) 色

□ ❷ 色 　　　　　　　　　색

例) 무슨 색을 좋아해요?
（どんな色が好きですか？）＊「색깔」とも言う。

□ ❷ 白 　　　　　　　　　하얀색

例) 하얀색 드레스가 아름다워요.
（白いドレスが美しいです。）＊「흰색」とも言う。

□ ❷ 黒 　　　　　　　　　까만색

例) 까만색 양산을 많이 써요.
（黒い日傘をよく差します。）＊「검은색」とも言う。

□ ❷ ブラック 　　　　　　　블랙

例) 색은 블랙으로 했어요.
（色はブラックにしました。）＊「ホワイト」は「화이트」。

□ ❷ 赤 　　　　　　　　　빨간색

例) 빨간색 목도리가 인상적이에요.
（赤のマフラーが印象的です。）

□ ❷ オレンジ色 　　　　　　주황색

例) 주황색 차가 제 차예요.
（オレンジ色の車が私の車です。）

□ ❷ 黄色 　　　　　　　　노란색

例) 노란색 손수건 이야기 알아요?
（黄色いハンカチの話を知っていますか？）

☐ ❷ **緑色** 　　　　　**초록색** ［초록쌕］

例）초록색을 보면 눈이 좋아진대요.
（緑色を見ると目がよくなるそうです。） ＊「녹색」とも言う。

☐ ❷ **青色** 　　　　　**파란색**

例）파란색 원피스가 시원해 보여요.
（青色のワンピースが涼しそうに見えます。）

☐ ❷ **紺色** 　　　　　**남색**

例）남색 셔츠는 없어요?
（紺色のシャツはありませんか？）

☐ ❷ **紫色** 　　　　　**보라색**

例）보라색 코트를 사려고 해요.
（紫色のコートを買おうと思います。）

☐ ❷ **ベージュ** 　　　　**베이지색**

例）베이지색 커튼을 주세요.
（ベージュのカーテンをください。）

☐ ❷ **ピンク** 　　　　　**분홍색** ［부농색］

例）분홍색은 사랑스러워요.
（ピンクは愛らしいです。） ＊「핑크색」とも言う。

☐ ❷ **水色** 　　　　　**하늘색**

例）저기 하늘색 빌딩이 보이지요?
（あそこの水色のビルが見えるでしょう？）

☐ ❷ **茶色** 　　　　　**갈색**

例）머리를 갈색으로 염색했어요.
（髪を茶色に染めました。）

☐ ❷ **グレー** 　　　　　**회색**

例）회색이 제일 무난한 것 같아요.
（グレーが一番無難だと思います。）

🎧 068

指示詞

(1) こ・そ・あ

□ ❶ **この** — 이

例) 이 옷은 얼마예요?
（この服はいくらですか？）

□ ❶ **その** — 그

例) 그 빵은 맛있어요?
（そのパンはおいしいですか？）

□ ❶ **あの** — 저

例) 저 아이는 귀엽네요.
（あの子供はかわいいですね。）

□ ❶ **これ** — 이것

例) 이것은 무엇입니까?（これは何ですか？）
＊「それ」は「그것」、「あれ」は「저것」。

□ ❶ **これ** — 이거

例) 이거 주세요.（これください。）
＊「이거」は「이것」の縮約形。会話では主に「이거」を使う。

□ ❶ **それ** — 그거

例) 그거하고 비슷해요.
（それと似ています。）＊「그거」は「그것」の縮約形。

□ ❶ **あれ** — 저거

例) 저거 좀 보세요.
（あれをちょっと見てください。）＊「저거」は「저것」の縮約形。

- ❶ **この人** 　　　**이 사람**

例）이 사람은 누구예요? (この人は誰ですか？)
　＊「その人」は「그 사람」、「あの人」は「저 사람」。

- ❶ **この方** 　　　**이 분**

例）이 분이 선생님입니다. (この方が先生です。)
　＊「その方」は「그 분」、「あの方」は「저 분」。

- ❶ **このように** 　　　**이렇게** ［이러케］

例）이렇게 쓰세요. (このように書いてください。)
　＊「そのように」は「그렇게」、「あのように」は「저렇게」。

- ❶ **これは** 　　　**이건**

例）이건 맵습니다. (これは辛いです。) ＊「이거」に「은／는
（は）」が結合した形。「それは」は「그건」、「あれは」は「저건」。

- ❶ **これが** 　　　**이게**

例）이게 김치예요? (これがキムチですか？) ＊「이거」に「이／
가（が）」が結合した形。「それが」は「그게」、「あれが」は「저게」。

- ❶ **これを** 　　　**이걸**

例）이걸 삽시다. (これを買いましょう。) ＊「이거」に「을／를
（を）」が結合した形。「それを」は「그걸」、「あれを」は「저걸」。

- ❷ **ここ** 　　　**이곳**

例）이곳은 처음입니까? (ここは初めてですか？)
　＊「そこ」は「그곳」、「あそこ」は「저곳」。

- ❷ **こんな** 　　　**이런**

例）이런 사람이 좋아요. (こんな人が好きです。)
　＊「そんな」は「그런」、「あんな」は「저런」。

- ❷ **こちら** 　　　**이쪽**

例）이쪽으로 가세요. (こちらへ行ってください。)
　＊「そちら」は「그쪽」、「あちら」は「저쪽」。

18 指示詞 (2) こ・そ・あ関連

- ❶ ここ — 여기

  例) 여기는 어디예요? (ここはどこですか？)
  ＊会話では「이곳」より「여기」をよく使う。

- ❶ そこ — 거기

  例) 거기는 멉니까? (そこは遠いですか？)

- ❶ あそこ — 저기

  例) 저기에 학교가 있습니다. (あそこに学校があります。)

- ❶ あちらこちら — 여기저기

  例) 여기저기 구경하고 싶어요. (あちらこちら見物したいです。)

- ❶ このとき — 이때

  例) 이때까지 밥을 안 먹었어요? (このときまでご飯を食べていなかったのですか？)

- ❶ その中で — 그 중에서

  例) 그 중에서 어떤 게 좋아요? (その中で何がいいですか？)

- ❷ この中で — 이 중에서

  例) 이 중에서 골라 보세요. (この中で選んでみてください。)

□ ❷ 今回　　　　　　　이번

例）이번에 새로 오신 사장님이세요.
（今回新しく来られた社長です。）

□ ❷ 前回　　　　　　　저번

例）저번에 만난 사람 기억나요?
（前回会った人を覚えていますか？）

□ ❷ そのとき　　　　　그때

例）그때 도와줘서 고마웠어요.
（その時助けてくれてありがとうございました。）

□ ❷ その日　　　　　　그날

例）그날이 그 가게의 휴일이었어요.
（その日がその店の休みでした。）

□ ❷ その間　　　　　　그동안

例）그동안 잘 있었어요?
（その間お元気でしたか？）

□ ❷ そのまま　　　　　그대로

例）만지지 말고 그대로 두세요.
（触らないでそのままにしておいてください。）

□ ❷ そのほかに　　　그 밖에　[그바께]

例）그 밖에 어떤 것이 있습니까?
（そのほかにどんなものがありますか？）

□ ❷ あれこれ　　　　　이것저것

例）이것저것 많이 먹었어요.
（あれこれたくさん食べました。）

□ ❷ あちらこちら　　　이쪽저쪽

例）이쪽저쪽 둘러보세요.（あちらこちら見回ってください。）
　＊「이쪽저쪽」は方向が、「여기저기」は場所が焦点となる。

19 数詞

(1) 漢数詞

- ❶ **数字** — 숫자 [숟짜]
  - 例) 오늘 한국어 숫자를 배웠어요.
    (今日韓国語の数字を習いました。)

- ❶ **ゼロ** — 공
  - 例) 공공칠 영화 시리즈를 봤어요?
    (007シリーズの映画を見ましたか?) ＊「영」とも言う。

- ❶ **一** — 일
  - 例) 여기에서 거기까지 일 미터예요.
    (ここからそこまで1メートルです。)

- ❶ **二** — 이
  - 例) 이 년동안 유학을 갑니다.
    (2年間留学をします。)

- ❶ **三** — 삼
  - 例) 아내가 임신 삼 개월이에요.
    (妻が妊娠3ヶ月です。)

- ❶ **四** — 사
  - 例) 지금 초등학교 사 학년입니다.
    (今、小学校4年生です。)

- ❶ **五** — 오
  - 例) 오월에 결혼해요.
    (5月に結婚します。)

- ❶ 六 　　　　　육

例) 하나에 육천 원이에요?
（1つ6千ウォンですか？）

- ❶ 七 　　　　　칠

例) 일주일은 칠 일이에요.
（1週間は7日です。）

- ❶ 八 　　　　　팔

例) 유럽 팔 개국에 여행을 갑니다.
（ヨーロッパ8ヶ国に旅行に行きます。）

- ❶ 九 　　　　　구

例) 저는 구 층에 삽니다.
（私は9階に住んでいます。）

- ❶ 十 　　　　　십

例) 십 분만 기다리세요. （10分だけ待ってください。）
　＊「二十」は「이십」、「三十」は「삼십」、「四十」は「사십」。

- ❶ 百 　　　　　백

例) 종이가 백 장 있어요.
（紙が百枚あります。）＊「二百」は「이백」、「三百」は「삼백」。

- ❶ 千 　　　　　천

例) 손님이 천 명이에요.
（お客さんが千人です。）

- ❶ 万 　　　　　만

例) 이건 만 원이에요.
（これは1万ウォンです。）＊「十万」は「십만」、「百万」は「백만」。

- ❶ 億 　　　　　억

例) 일억 년 전 것입니다.
（1億年前のものです。）＊「兆」は「조」。

19

(2) 漢数詞の助数詞

- ❶ ~月　　　~월

  例) 생일은 몇 월이에요?
  (誕生日は何月ですか？) ＊「몇 월」の発音は［며둴］。

- ❶ ~日　　　~일

  例) 오늘은 십 일이에요.
  (今日は10日です。) ＊「何日」は「며칠」。

- ❶ ~泊~日　　　~박 ~일

  例) 일 박 이 일로 대만에 가요.
  (1泊2日で台湾に行きます。)

- ❶ ~ヶ月　　　~개월

  例) 육 개월 정도 걸립니다.
  (6ヶ月ほどかかります。)

- ❶ ~年　　　~년

  例) 한 일 년 정도 공부했어요.
  (約1年くらい勉強しました。)

- ❶ ~秒　　　~초

  例) 일 분은 육십 초예요.
  (1分は60秒です。)

- ❶ ~分　　　~분

  例) 여기에서 걸어서 삼 분 정도예요.
  (ここから歩いて3分くらいです。)

□ ❶ 〜ウォン　　〜원

例）이 치마는 삼만 원이에요.
（このスカートは３万ウォンです。）

□ ❶ 〜人前　　〜인분

例）불고기 삼 인분 주세요.
（プルコギを３人前ください。）

□ ❶ 〜階　　〜층

例）회사는 몇 층에 있습니까?
（会社は何階にありますか？）

□ ❶ 〜回　　〜회

例）제 일 회 한국어 스피치 대회를 시작하겠습니다.
（第１回韓国語スピーチ大会を始めます。）

□ ❶ 〜番　　〜번

例）문제 육 번의 답은 뭐예요?
（問題６番の答えは何ですか？）

□ ❶ 〜ページ　　〜페이지

例）십오 페이지를 보세요.
（15ページを見てください。）＊「쪽」とも言う。

□ ❷ 〜度　　〜도

例）오늘 기온은 십팔 도예요.
（今日の気温は18度です。）

□ ❷ 〜センチメートル　　〜센티미터

例）제 키는 백육십이 센티미터예요.
（私の背は162センチメートルです。）＊「メートル」は「미터」。

□ ❷ 〜キログラム　　〜킬로그램

例）몸무게는 몇 킬로그램이에요?
（体重は何キログラムですか？）

数詞

(3) 固有数詞

□ ❶ 一つ　　　　하나

例) 이거 하나 주세요.
（これ1つください。） ＊助数詞が付く時は「한」になる。

□ ❶ 二つ　　　　둘

例) 냉면 둘이요.
（冷麺2つです。） ＊助数詞が付く時は「두」になる。

□ ❶ 三つ　　　　셋

例) 형제가 셋이에요.
（兄弟が3人です。） ＊助数詞が付く時は「세」になる。

□ ❶ 四つ　　　　넷

例) 딸만 넷이에요.
（娘ばかり4人います。） ＊助数詞が付く時は「네」になる。

□ ❶ 五つ　　　　다섯

例) 귤을 다섯 개 먹었어요.
（みかんを5つ食べました。）

□ ❶ 六つ　　　　여섯

例) 맥주가 여섯 병 있어요.
（ビールが6本あります。）

□ ❶ 七つ　　　　일곱

例) 이번으로 한국은 일곱 번 째예요.
（今回で韓国は7回目です。）

☐ ❶ 八つ　　　　　　　여덟　[여덜]

例）여덟 분을 초대했어요.
（8 名様を招待しました。）

☐ ❶ 九つ　　　　　　　아홉

例）우리 딸은 아홉 시에 자요.
（うちの娘は 9 時に寝ます。）

☐ ❶ 十　　　　　　　　열

例）열 살 때 미국으로 이민을 갔어요.
（10 歳の時アメリカに移住しました。）

☐ ❶ 二十　　　　　　　스물

例）우리 반은 스무 명이에요.
（うちのクラスは 20 人です。）　＊助数詞が付く時は「스무」になる。

☐ ❶ 三十　　　　　　　서른

例）올해 서른 살입니다.
（今年 30 歳です。）

☐ ❶ 四十　　　　　　　마흔　[마은]

例）시디를 마흔 장 모았어요.
（CD を 40 枚集めました。）

☐ ❶ 五十　　　　　　　쉰

例）쉰 살부터는 시골에서 살고 싶어요.
（50 歳からは田舎で暮らしたいです。）

☐ ❶ 六十　　　　　　　예순

例）예순 살 때는 환갑잔치를 합니다.
（60 歳の時は還暦祝いをします。）　＊「七十」は「일흔」。

☐ ❶ 八十　　　　　　　여든

例）할머니께서는 여든 살 때 돌아가셨어요.
（祖母は 80 歳の時に亡くなりました。）　＊「九十」は「아흔」。

数詞

(4) 固有数詞の助数詞

073

□ ❶ ~時　　　　　　　　~시

例) 지금 한 시예요.
（今1時です。）

□ ❶ ~時間　　　　　　　~시간

例) 일본에서 한국까지 비행기로 두 시간 걸려요.
（日本から韓国まで飛行機で2時間かかります。）

□ ❶ ~個　　　　　　　　~개

例) 호떡 세 개 주세요.
（ホットクを3つください。）

□ ❶ ~名　　　　　　　　~명

例) 우리 반은 네 명입니다.
（うちのクラスは4名です。）

□ ❶ ~人　　　　　　　　~사람

例) 몇 사람이서 가요?（何人で行きますか？）
＊「一人で」は「혼자서」、「二人で」は「둘이서」。

□ ❶ ~回　　　　　　　　~번

例) 서울만 세 번 갔어요.
（ソウルだけ3回行きました。）

□ ❶ ~歳　　　　　　　　~살

例) 강아지가 몇 살이에요?
（子犬は何歳ですか？）

□ ❶ ～枚　　　　　～장

例）영화 표가 두 장 있어요.
（映画のチケットが2枚あります。）

□ ❶ ～冊　　　　　～권

例）책상 위에 책이 다섯 권 있습니다.
（机の上に本が5冊あります。）＊「권」は「巻」の読み。

□ ❶ ～杯　　　　　～잔

例）커피 한 잔 주세요.
（コーヒーを1杯ください。）

□ ❶ ～本　　　　　～병

例）맥주 두 병 주세요.
（ビールを2本ください。）＊「병」は「瓶」の読み。

□ ❶ ～台　　　　　～대

例）주차장에 차를 여섯 대 세울 수 있어요.
（駐車場に車を6台とめられます。）

□ ❶ ～匹　　　　　～마리

例）집에 고양이가 열 마리나 있어요?
（家に猫が10匹もいるのですか？）

□ ❷ ～種類　　　　～가지

例）김치에도 여러 가지가 있습니다. （キムチにもいろいろな種類
があります。）＊「一種類」は「한 가지」。

□ ❷ ～着　　　　　～벌

例）옷을 몇 벌 샀어요?
（服を何着買いましたか？）

□ ❷ ～輪　　　　　～송이

例）장미를 백 송이 받았어요.
（バラを100輪もらいました。）

20 時

(1) とき・年

□ ❶ 時 　　　　　　때

例) 어릴 때 영국에서 살았어요.
（小さい時イギリスで暮らしました。）

□ ❶ 今 　　　　　　지금

例) 지금 어디예요?
（今どこですか？）

□ ❶ 現在 　　　　　현재

例) 현재 병원에 입원 중입니다.
（現在病院に入院中です。）

□ ❶ 最近 　　　　　요즘

例) 요즘 바빠요?
（最近忙しいですか？）

□ ❶ 前回 　　　　　지난번

例) 지난번에는 고마웠어요.
（前回はありがとうございました。）

□ ❶ 間 　　　　　　동안

例) 네덜란드에 며칠 동안 갑니까?
（オランダに何日間行きますか？）

□ ❶ 去年 　　　　　작년 [장년]

例) 작년에 대학교를 졸업했어요.
（去年大学を卒業しました。） ＊「おととし」は「재작년」。

152

□ ❶ 今年　　　　올해　[오래]

例) 올해는 비가 많이 오네요.
（今年は雨がよく降りますね。）＊「금년」とも言う。

□ ❶ 来年　　　　내년

例) 내년에 초등학교에 입학해요.
（来年小学校に入学します。）＊「再来年」は「내후년」。

□ ❶ 昔　　　　　예전에

例) 예전에 부산에 갔어요.
（昔、釜山に行きました。）＊「옛날에」とも言う。

□ ❷ 過去　　　　과거

例) 과거 백 년 동안 그대로래요.
（過去100年間そのままだそうです。）

□ ❷ 未来　　　　미래

例) 미래 도시는 어떨까요?
（未来の都市はどうでしょうか？）

□ ❷ 新年　　　　신년

例) 신년에는 연하장을 보내요.
（新年は年賀状を送ります。）＊「새해」とも言う。

□ ❷ 年初　　　　연초

例) 연초에 일 년 계획을 세워요.
（年初に1年の計画を立てます。）＊「年末」は「연말」。

□ ❷ 年末年始　　연말연시　[연말련시]

例) 연말연시 즐겁게 보내세요.
（年末年始を楽しくお過ごしください。）

□ ❷ 旧暦　　　　음력　[음녁]

例) 한국 달력에는 음력이 쓰여 있어요.（韓国のカレンダーには
旧暦が書かれています。）＊「新暦」は「양력」。

20 時 (2) 月

□ ❶ 1月   **일월** [이뤌]

例) 제 생일은 일월 팔 일이에요.
（私の誕生日は1月8日です。）

□ ❶ 2月   **이월**

例) 이월은 아직 추워요.
（2月はまだ寒いです。）

□ ❶ 3月   **삼월** [사뭘]

例) 한국에서는 삼월에 학교가 시작해요.
（韓国では3月に学校が始まります。）

□ ❶ 4月   **사월**

例) 사월 초에 이사해요.
（4月初めに引っ越します。）

□ ❶ 5月   **오월**

例) 오월에 결혼을 많이 해요.
（5月の結婚が多いです。）

□ ❶ 6月   **유월**

例) 유월은 장마철입니다.
（6月は梅雨時です。）

□ ❶ 7月   **칠월** [치뭘]

例) 칠월 말부터 여름 방학이에요.
（7月末から夏休みです。）

□ ❶ 8月　　　　　　　　팔월

例）**팔월** 한 달 동안 중국 여행을 가요.
（8月の1ヶ月間、中国旅行に行きます。）

□ ❶ 9月　　　　　　　　구월

例）**구월**에는 조금 시원합니까?
（9月は少し涼しいですか？）

□ ❶ 10月　　　　　　　시월

例）**시월**에는 단풍 구경을 가요.
（10月には紅葉狩りに行きます。）

□ ❶ 11月　　　　　십일월　[시비릴]

例）매년 **십일월**에는 가족 여행을 가요.
（毎年11月には家族旅行に行きます。）

□ ❶ 12月　　　　　십이월　[시비월]

例）**십이월**에는 크리스마스 파티를 해요.
（12月にはクリスマスパーティをします。）

□ ❶ 先月　　　　　　　지난달

例）**지난달**에는 많이 바빴어요.
（先月はかなり忙しかったです。）　＊「先々月」は「**지지난달**」。

□ ❶ 今月　　　　　이번 달　[이번딸]

例）**이번 달**은 별로 안 바빠요.
（今月はあまり忙しくないです。）

□ ❶ 来月　　　　　다음 달　[다음딸]

例）**다음 달**에 한국에서 친구가 와요.
（来月韓国から友達が来ます。）　＊「再来月」は「**다다음 달**」。

□ ❶ 毎月　　　　　　　매월

例）**매월** 두 번 모임이 있어요.
（毎月2回集まりがあります。）　＊「**매달**」とも言う。

20  時

(3) 週

□ ❶ **曜日**   요일

例) 오늘은 무슨 요일이에요?
(今日は何曜日ですか？)

□ ❶ **月曜日**   월요일 [워료일]

例) 월요일에는 한국어 수업이 있어요.
(月曜日には韓国語の授業があります。)

□ ❶ **火曜日**   화요일

例) 화요일은 쉬는 날이에요.
(火曜日は休みです。)

□ ❶ **水曜日**   수요일

例) 수요일은 여자들만 영화를 싸게 볼 수 있어요.
(水曜日は女性だけ映画が安く見られます。)

□ ❶ **木曜日**   목요일 [모교일]

例) 목요일에 시간 있어요?
(木曜日に時間ありますか？)

□ ❶ **金曜日**   금요일

例) 금요일 밤에는 회식이 있습니다.
(金曜日の夜は会食があります。)

□ ❶ **土曜日**   토요일

例) 토요일에는 스포츠 센터에 가요.
(土曜日にはスポーツセンターに行きます。)

❶ 日曜日　　　　일요일

例）일요일에는 보통 뭐 해요?
（日曜日は普段何をしますか？）

❶ 一週間　　　　일주일　[일쭈일]

例）일주일에 한 번 신오쿠보에 갑니다.
（1週間に1回新大久保に行きます。）

❶ 週末　　　　주말

例）주말에 친구하고 쇼핑을 해요.
（週末に友達とショッピングをします。）　＊「平日」は「평일」。

❶ 先週　　　　지난주

例）지난주부터 운동을 시작했어요.
（先週から運動を始めました。）　＊「先々週」は「지지난주」。

❶ 今週　　　　이번 주　[이번쭈]

例）이번 주 드라마 봤어요?
（今週のドラマ見ましたか？）

❶ 来週　　　　다음 주　[다음쭈]

例）다음 주 일기예보는 어때요?
（来週の天気予報はどうですか？）　＊「再来週」は「다다음 주」。

❶ 毎週　　　　매주

例）매주 일요일에는 데이트를 해요.
（毎週日曜日にはデートをします。）

❷ 隔週　　　　격주　[격쭈]

例）토요일은 격주로 쉬어요.
（土曜日は隔週で休みます。）

❷ 平日　　　　평일

例）평일에는 비행기 티켓이 싸요.
（平日は飛行機のチケットが安いです。）

(4) 一日

□ ❶ **朝** 　　　　　　　　　　아침

例）아침에는 밥을 먹어요? 빵을 먹어요?
（朝はご飯を食べますか？ パンを食べますか？）

□ ❶ **昼** 　　　　　　　　　　점심

例）점심 때 만날까요?
（昼時に会いましょうか？） ＊「낮」とも言う。

□ ❶ **夕方** 　　　　　　　　　저녁

例）요즘은 저녁에도 덥습니다.
（最近は夕方でも暑いです。）

□ ❶ **夜** 　　　　　　　　　　밤

例）밤에 집에 가서 숙제를 해요.
（夜、家に帰って宿題をします。）

□ ❶ **明け方** 　　　　　　　　새벽

例）새벽 다섯 시까지 술 마셨어요?（明け方5時までお酒を飲みましたか？） ＊「深夜」の意味でも使われる。

□ ❶ **午前** 　　　　　　　　　오전

例）오전에는 지하철에 사람이 많아요.
（午前は地下鉄に人が多いです。）

□ ❶ **午後** 　　　　　　　　　오후

例）오늘 오후에는 눈이 옵니다.
（今日の午後は雪が降ります。）

☐ ❶ おととい **그저께**

例) 그저께 한국에서 돌아왔어요.
（おととい韓国から帰ってきました。） ＊「그제」とも言う。

☐ ❶ 昨日 **어제**

例) 어제는 몇 시에 잤어요?
（昨日は何時に寝ましたか？） ＊「昨夜」は「어젯밤」。

☐ ❶ 今日 **오늘**

例) 오늘부터 연휴네요.
（今日から連休ですね。）

☐ ❶ 明日 **내일**

例) 내일은 따뜻해요?
（明日は暖かいですか？）

☐ ❶ 明後日 **모레**

例) 모레 친구 결혼식이에요.
（明後日友達の結婚式です。）

☐ ❶ 毎日 **매일**

例) 저는 매일 산책을 해요.
（私は毎日散歩をします。）

☐ ❷ 終日 **종일**

例) 오늘 하루 종일 너무 힘들었어요.
（今日一日中とても大変でした。）

☐ ❷ 日 **날**

例) 오늘 무슨 날이에요?
（今日は何の日ですか？） ＊「日付」は「날짜」。

☐ ❷ 一日 **하루**

例) 하루에 홍차를 두 잔 정도 마셔요. （一日2杯くらい紅茶を飲みます。） ＊「二日」は「이틀」、「三日」は「사흘」。

20 時

(5) 祝日・記念日

□ ❶ **休みの日** — 쉬는 날

例）매주 토요일이 쉬는 날이에요.
（毎週土曜日が休みの日です。）

□ ❶ **休日** — 휴일

例）휴일이라서 집안일을 했어요.
（休日なので、家事をしました。）

□ ❶ **誕生日** — 생일

例）생일이 언제예요?
（誕生日はいつですか？）

□ ❶ **結婚記念日** — 결혼기념일 ［겨론기녀밀］

例）부모님 결혼기념일은 언제예요?
（ご両親の結婚記念日はいつですか？）

□ ❶ **創立記念日** — 창립기념일 ［창닙기녀밀］

例）창립기념일에는 회사에 안 갑니다.
（創立記念日には会社に行きません。）

□ ❶ **子供の日** — 어린이날

例）일본과 한국의 어린이날은 똑같아요.
（日本と韓国の子供の日は同じです。）＊「어린이날」は5月5日。

□ ❶ **両親の日** — 어버이날

例）한국에는 어버이날이 있어요.
（韓国には両親の日があります。）＊「어버이날」は5月8日。

□ ❶ 師匠の日　　　　　스승의 날　[스승에날]

例）일본에도 스승의 날이 있어요? （日本にも師匠の日がありま
すか？）＊「스승의 날」は5月15日。

□ ❶ クリスマス　　　　크리스마스

例）크리스마스 때는 집에서 트리 장식을 해요.
（クリスマスの時は家でツリーを飾ります。）

□ ❷ 釈迦誕生日　　　　석가탄신일　[석까탄시닐]

例）석가탄신일은 음력 4월 8일이에요. （釈迦誕生日は旧暦の4
月8日です。）＊「탄신일」は「誕辰日」の読み。

□ ❷ 開天節　　　　　　개천절

例）개천절은 한국의 건국 기념일이에요.
（開天節は韓国の建国記念日です。）＊「개천절」は10月3日。

□ ❷ ハングルの日　　　한글날　[한글랄]

例）한국에는 한글날이 있어요.
（韓国にはハングルの日があります。）＊「한글날」は10月9日。

□ ❷ 祝日　　　　　　　공휴일

例）이번 달에는 공휴일이 없어요.
（今月は祝日がありません。）

□ ❷ 連休　　　　　　　연휴　[여뉴]

例）일본은 오월에 연휴가 있어요.
（日本は5月に連休があります。）

□ ❷ （学校の）休み　　방학

例）겨울 방학 때 단기 어학 연수를 갈 거예요.
（冬休みに短期の語学研修に行くつもりです。）

□ ❷ （目上の人の）誕生日　생신

例）아버지 생신 선물로 여행을 보내 드렸어요.
（父の誕生日プレゼントとして旅行に行かせてあげました。）

疑問詞関連

(1) 誰・何

□ ❶ 誰 　　누구

例) 실례지만 누구세요?
（失礼ですが、どちらさまですか？）

□ ❶ 誰が 　　누가

例) 교실에 누가 있어요?
（教室に誰がいますか？）

□ ❶ 誰でも 　　누구나

例) 사람은 누구나 고민이 있어요.
（人は誰でも悩みがあります。）

□ ❶ 誰と 　　누구하고

例) 누구하고 벚꽃 구경 갑니까?
（誰と花見に行きますか？）

□ ❶ 何〜 　　몇

例) 한국에 몇 번 갔어요? （韓国に何回行きましたか？）
＊主に「몇＋助数詞」の形で使われる。

□ ❶ 何の 　　무슨

例) 무슨 음식을 좋아해요?
（何の食べ物が好きですか？）

□ ❶ 何 　　뭐

例) 저건 뭐예요?
（あれは何ですか？）＊書きことばでは「무엇」を使う。

□ ❶ **何が** 　　　　　뭐가

例）교토는 뭐가 유명해요?
（京都は何が有名ですか？）

□ ❶ **何を** 　　　　　뭘

例）명동에서 뭘 샀어요?
（明洞で何を買いましたか？）

□ ❶ **何も** 　　　　　아무것도　[아무걷또]

例）아무것도 하고 싶지 않아요.
（何もやりたくないです。）

□ ❶ **誰も** 　　　　　아무도

例）지금 집에 아무도 없어요.
（今家に誰もいません。）

□ ❷ **何でも** 　　　　아무거나

例）아무거나 마음에 드는 거 고르세요.
（何でも気に入ったものを選んでください。）

□ ❷ **誰でも** 　　　　누구든지

例）거기는 누구든지 들어갈 수 있어요.
（そこは誰でも入れます。）

□ ❷ **誰に** 　　　　　누구에게

例）이건 누구에게 줄 거예요?
（これは誰にあげるつもりですか？）　＊「누구한테」とも言う。

□ ❷ **何でも** 　　　　뭐든지

例）전 뭐든지 잘 먹어요.
（私は何でもよく食べます。）

□ ❷ **何か** 　　　　　뭔가

例）뭔가 의미 있는 일을 하고 싶어요.
（何か意味のあることがしたいです。）

疑問詞関連

163

21 疑問詞関連 (2) どこ・いつなど

🎧080

- [ ] ❶ **どこ**   어디

    例) 어디에 가세요?
    (どこに行かれますか？)

- [ ] ❶ **どこに**   어디에

    例) 화장실은 어디에 있어요?
    (トイレはどこにありますか？)

- [ ] ❶ **どこで**   어디에서

    例) 이거 어디에서 팔아요?
    (これ、どこで売っていますか？) ＊縮約形は「어디서」。

- [ ] ❶ **どこにも**   아무데도

    例) 연휴 때는 아무데도 안 갑니다.
    (連休の時はどこにも行きません。)

- [ ] ❶ **いつ**   언제

    例) 언제 왔어요?
    (いつ来ましたか？)

- [ ] ❶ **いくら**   얼마

    例) 이 가방 얼마예요?
    (このカバンおいくらですか？)

- [ ] ❶ **どれくらい**   얼마나

    例) 얼마나 더 가면 됩니까?
    (あとどれくらい行けばいいですか？)

- **❶ なぜ** 　　　　　　　　왜

例) 왜 못 와요?
（なぜ来れないのですか？）＊「못 와요」発音は［모다요］。

- **❶ どの** 　　　　　　　　어느

例) 어느 집이 더 맛있어요?
（どの店がもっとおいしいですか？）

- **❶ どうやって** 　　　　어떻게　［어떠케］

例) 인사동까지 어떻게 가요?
（仁寺洞までどうやって行きますか？）

- **❷ どんな** 　　　　　　　어떤

例) 어떤 옷이 어울릴까요?
（どんな洋服が似合うでしょうか？）

- **❷ どれが** 　　　　　　　어느 게

例) 어느 게 더 인기가 좋아요?
（どれがもっと人気がありますか？）

- **❷ どこへ** 　　　　　　　어디로

例) 어디로 이사 가요?
（どこへ引っ越すのですか？）＊「어디로」は方向が焦点となる。

- **❷ どこでも** 　　　　　　어디든지

例) 어디든지 괜찮아요.
（どこでも大丈夫です。）

- **❷ いつでも** 　　　　　　언제든지

例) 언제든지 갈 수 있어요.
（いつでも行けます。）

- **❷ いくらでも** 　　　　　얼마든지

例) 음식은 얼마든지 있으니까 많이 드세요.
（料理はいくらでもあるので、たくさん召し上がってください。）

疑問詞関連

22 動詞

(1)
〈初級Ⅰ〉動詞①

- ❶ **ある・いる** — **있다** [읻따]

  例) 가방에 핸드폰이 있습니다.
  （カバンに携帯があります。）

- ❶ **ない・いない** — **없다** [업따]

  例) 저는 남동생이 없습니다.
  （私には弟がいません。）

- ❶ **行く** — **가다**

  例) 매일 학교에 갑니다.
  （毎日学校に行きます。）

- ❶ **来る** — **오다**

  例) 내일도 여기에 옵니까?
  （明日もここに来ますか？）

- ❶ **出ていく** — **나가다**

  例) 여기에서 나가 주세요.
  （ここから出ていって下さい。）

- ❶ **出てくる** — **나오다**

  例) 그 영화에는 누가 나와요?
  （その映画には誰が出てくるんですか？）

- ❶ **帰る** — **돌아가다**

  例) 다음 주에 일본에 돌아가요.
  （来週日本に帰ります。）

☐ ❶ 帰ってくる **돌아오다**

例）언제 돌아와요?
（いつ帰ってきますか？）

☐ ❶ 入っていく **들어가다**

例）지금 들어가도 돼요?
（今入ってもいいですか？）

☐ ❶ 入ってくる **들어오다**

例）아직 들어오면 안 됩니다.
（まだ入ってきてはいけません。）

☐ ❶ 歩いていく **걸어가다**

例）역까지 걸어갑시다.
（駅まで歩いていきましょう。）

☐ ❶ 行ってくる **다녀오다**

例）연말에 어디 다녀오셨어요? （年末はどこに行ってこられまし
たか？） ＊「갔다 오다」より丁寧なニュアンス。

☐ ❶ 行ってくる **갔다 오다** [갇따오다]

例）유럽에 갔다 왔어요.
（ヨーロッパに行ってきました。）

☐ ❶ 食べる **먹다** [먹따]

例）일본에서는 밥그릇을 들고 먹어요.
（日本ではお茶碗を持って食べます。）

☐ ❶ 飲む **마시다**

例）겨울에는 밀크티를 마셔요.
（冬はミルクティーを飲みます。）

☐ ❶ する **하다**

例）내일은 뭐 합니까?
（明日は何をしますか？）

22
動詞

22 動詞

🎧 082

(1)
〈初級Ⅰ〉動詞②

☐ ❶ **買う**   사다

例) 슈퍼에서 우유를 사요.
（スーパーで牛乳を買います。）＊「売る」は「팔다」。

☐ ❶ **見る**   보다

例) 한국 드라마를 자주 봅니다.
（韓国のドラマをよく見ます。）

☐ ❶ **会う**   만나다

例) 식당에서 선배를 만납니다.
（食堂で先輩に会います。）

☐ ❶ **待つ**   기다리다

例) 잠깐만 기다리세요.
（ちょっと待ってください。）

☐ ❶ **乗る**   타다

例) 저는 자전거를 못 타요.
（私は自転車に乗れません。）

☐ ❶ **乗り換える**   갈아타다 [가라타다]

例) 삼 호선으로 갈아타세요.
（3号線に乗り換えてください。）

☐ ❶ **降りる**   내리다

例) 다음 역에서 내려요?
（次の駅で降りますか？）

- ❶ **休む**   쉬다

  例） 집에서 푹 쉬세요.
  （家でゆっくり休んでください。）

- ❶ **寝る**   자다

  例） 보통 몇 시에 자요?
  （普通何時に寝ますか？）

- ❶ **起きる**   일어나다

  例） 매일 아침 일찍 일어납니다.
  （毎朝早く起きます。）

- ❶ **着る**   입다 [입따]

  例） 학교에서는 교복을 입어요.
  （学校では制服を着ます。）

- ❶ **着ていく**   입고 가다 [입꼬가다]

  例） 오늘은 코트를 입고 가세요.
  （今日はコートを着ていってください。）

- ❶ **脱ぐ**   벗다 [벋따]

  例） 신발을 벗고 들어가세요.
  （靴を脱いで入ってください。）

- ❶ **履く**   신다 [신따]

  例） 여름에는 샌들을 신어요.
  （夏はサンダルを履きます。）

- ❶ **座る**   앉다 [안따]

  例） 여기에 앉으세요.
  （ここに座ってください。）

- ❶ **並ぶ**   줄을 서다

  例） 이쪽으로 줄을 서세요.
  （こちらにお並びください。）

22
動詞

🎧 083

動詞

(1)
〈初級Ⅰ〉動詞③

□ ❶ 習う　　　　　　배우다

例) 요즘 영어를 배워요.
（最近英語を習っています。）

□ ❶ 教える　　　　　가르치다

例) 학교에서 중국어를 가르칩니다.
（学校で中国語を教えています。）

□ ❶ 読む　　　　　　읽다　[익따]

例) 한글을 읽을 수 있어요.
（ハングルが読めます。）＊「읽을 수」の発音は［일글수］。

□ ❶ 言う　　　　　　말하다　[마라다]

例) 한국어로 어떻게 말해요?
（韓国語でどう言いますか？）

□ ❶ 通う　　　　　　다니다

例) 어머니하고 같이 한국어 학원에 다녀요.
（母と一緒に韓国語教室に通っています。）

□ ❶ 辞める　　　　　그만두다

例) 회사를 그만뒀어요.
（会社を辞めました。）

□ ❶ あげる　　　　　주다

例) 아들에게 용돈을 줬어요.（息子にお小遣いをあげました。）
　＊「주다」は「くれる」の意味も含む。

170

□ ❶ 持ってくる **갖다 주다** [갇따주다]

例) 저 책 좀 갖다 주세요. (あの本をちょっと持ってきてください。) ＊「갖다 주다」は、物を持ってきて渡す行為まで含む。

□ ❶ もらう **받다** [받따]

例) 친구한테서 편지를 받았어요.
（友達から手紙をもらいました。）

□ ❶ 送る **보내다**

例) 선생님께 메일을 보냈어요.
（先生にメールを送りました。）

□ ❶ 変える **바꾸다**

例) 전화번호를 바꿨어요.
（電話番号を変えました。）

□ ❶ 撮る **찍다** [찍따]

例) 사진을 찍어도 돼요?
（写真を撮ってもいいですか？）

□ ❶ 止める **세우다**

例) 여기에 자전거를 세우면 안 됩니다.
（ここに自転車を止めてはいけません。）

□ ❶ 過ごす **지내다**

例) 요즘 어떻게 지내요?
（最近どのように過ごしていますか？）

□ ❶ なる **되다**

例) 나이가 어떻게 되세요?
（歳はおいくつですか？）

□ ❶ 閉める **닫다** [닫따]

例) 창문을 닫아 주세요.
（窓を閉めてください。）

22

動詞

(1)
〈初級Ⅰ〉動詞④

□ ❶ つぶる　　　　　　　감다　[감따]

例) 눈을 감고 음악을 듣습니다.
（目をつぶって音楽を聴きます。）＊「目を開ける」は「눈을 뜨다」。

□ ❶ 死ぬ　　　　　　　죽다　[죽따]

例) 고양이가 죽었어요.
（猫が死にました。）

□ ❶ 吸う　　　　　　　피우다

例) 하루에 담배를 얼마나 피워요?
（一日にタバコをどれくらい吸いますか？）

□ ❶ 付き合う　　　　　사귀다

例) 이 사람하고 오랫동안 사귀었어요.
（この人と長い間付き合いました。）

□ ❶ 驚く　　　　　　　놀라다

例) 버스가 빨라서 깜짝 놀랐어요.
（バスが速くてとても驚きました。）

□ ❶ 笑う　　　　　　　웃다

例) 너무 재미있어서 많이 웃었어요.
（とても面白くてたくさん笑いました。）＊「泣く」は「울다」。

□ ❶ 遅れる　　　　　　늦다

例) 아침에 늦잠을 자서 늦었어요.
（朝、寝坊をして遅れました。）

☐ ❶ 借りる　　　빌리다

例）도서관에서 책을 빌렸습니다.
（図書館で本を借りました。）

☐ ❶ 打つ　　　치다

例）골프를 쳐요. （ゴルフをします。）
＊テニス、卓球、ボウリングなどのスポーツには「치다」を使う。

☐ ❶ 弾く　　　치다

例）어릴 때부터 피아노를 쳤어요.
（小さい時からピアノを弾いていました。）

☐ ❶ 片付ける　　　치우다

例）이 테이블 좀 치워 주세요.
（このテーブルをちょっと片付けてください。）

☐ ❶ 渡る　　　건너다

例）길을 건너서 오른쪽에 있어요.
（道を渡って右側にあります。）

☐ ❶ 渡っていく　　　건너가다

例）빨간불일 때 길을 건너가면 안 돼요.
（赤信号の時、道を渡ってはいけません。）

☐ ❶ （時間が）かかる　　　걸리다

例）시간이 그렇게 많이 걸려요?
（そんなに時間がかかりますか？）

☐ ❶ 数える　　　세다

例）한국어로 백까지 셀 수 있어요?
（韓国語で100まで数えられますか？）

☐ ❶ 上手だ　　　잘하다　[자라다]

例）그 사람은 한국말을 잘해요.
（その人は韓国語が上手です。） ＊「下手だ」は「못하다」。

動詞

(2)
〈初級Ⅱ〉 動詞①

□ ❷ 持つ　　　　　가지다

例) 한국어 사전을 가지고 있어요?
（韓国語の辞書を持っていますか？）

□ ❷ 持っていく　　가져가다

例) 저는 안 쓰니까 이것도 가져가세요.
（私は使わないので、これも持っていってください。）

□ ❷ 持ってくる　　가져오다

例) 다음에는 회비를 꼭 가져오세요.
（次は必ず会費を持ってきてください。）

□ ❷ 訪ねていく　　찾아가다

例) 상담 때문에 선생님을 찾아갔어요.
（相談のために先生を訪ねていきました。）

□ ❷ 訪ねてくる　　찾아오다

例) 고민이 있으면 저를 찾아오세요.
（悩みがあれば私を訪ねてきてください。）

□ ❷ 下りていく　　내려가다

例) 계단을 내려갈 때는 조심하세요.
（階段を下りていく時は気をつけてください。）

□ ❷ 下りてくる　　내려오다

例) 고양이가 선반에서 안 내려와요.
（猫が棚から下りてきません。）

☐ ❷ 連れていく　　　**데려가다**

例）그 모임에 아이를 데려가도 돼요?（その会に子供を連れて
いってもいいですか？）＊「連れてくる」は「데려오다」。

☐ ❷ 付いていく　　　**따라가다**

例）저는 길을 몰라서 따라가기만 했어요.（私は道がわからなかっ
たので、付いていくだけでした。）＊「付いてくる」は「따라오다」。

☐ ❷ 歩いてくる　　　**걸어오다**

例）여기까지 꽤 먼데 걸어오셨어요?（ここまでかなり遠いのに、
歩いてこられたんですか？）＊「歩いていく」は「걸어가다」。

☐ ❷ 発つ　　　**떠나다**

例）그 사람이 다음 달에 외국으로 떠난대요.
（その人が来月外国へ発つそうです。）

☐ ❷ 信じる　　　**믿다**

例）저만 믿고 따라오세요.
（私だけを信じて付いてきてください。）

☐ ❷ 洗う　　　**씻다**

例）집에 가면 제일 먼저 손을 씻어요.
（家に帰ると真っ先に手を洗います。）

☐ ❷ 拭く　　　**닦다**

例）물기를 잘 닦으세요.
（水気をよく拭いてください。）

☐ ❷ 濡れる　　　**젖다**

例）옷이 흠뻑 젖었어요.
（服がびっしょり濡れました。）

☐ ❷ 着替える　　　**갈아입다**　[가라입따]

例）새 옷으로 갈아입으세요.
（新しい服に着替えてください。）

175

22 動詞

(2) 〈初級Ⅱ〉動詞②

□ ❷ 見える   보이다

例) 이 그림 잘 보여요?
（この絵がよく見えますか？）

□ ❷ 聞こえる   들리다

例) 소리가 너무 작아서 잘 안 들려요.
（音が小さすぎてよく聞こえません。）

□ ❷ 尋ねてみる   물어보다

例) 모르는 게 있으면 선생님께 물어보세요.
（わからないことがあったら先生に尋ねてみてください。）

□ ❷ 聞いてくれる   들어주다

例) 제 이야기 좀 들어주세요.（私の話をちょっと聞いてください。）＊「聞いてあげる」も「들어주다」。

□ ❷ 置く   놓다 [노타]

例) 짐을 여기에 놓으세요.
（荷物をここに置いてください。）

□ ❷ 置く   두다

例) 지하철 안에 쇼핑백을 두고 내렸어요.
（地下鉄の中に買い物袋を置いて降りちゃいました。）

□ ❷ 入れる   넣다 [너타]

例) 시험 볼 때 책은 가방 안에 넣으세요.
（試験を受ける時、本はカバンの中に入れてください。）

□ ❷ 取り出す **꺼내다**

例) 연필은 아직 꺼내지 마세요.
（鉛筆はまだ取り出さないでください。）

□ ❷ 捨てる **버리다**

例) 여기에 쓰레기를 버리면 안 돼요.
（ここにゴミを捨ててはいけません。）

□ ❷ なくす **잃다** [일타]

例) 저는 그 일 때문에 직장을 잃었습니다.
（私はそのことのせいで、仕事をなくしました。）

□ ❷ なくしてしまう **잃어버리다** [이러버리다]

例) 어제 영화관에서 지갑을 잃어버렸어요.
（昨日映画館で財布をなくしてしまいました。）

□ ❷ 探す **찾다**

例) 가방 안을 찾아 봤는데 없었어요.
（カバンの中を探してみたのですが、ありませんでした。）

□ ❷ 忘れる **잊다**

例) 저를 벌써 잊으셨어요?
（私のことをもう忘れましたか？）

□ ❷ 忘れてしまう **잊어버리다**

例) 나쁜 일은 빨리 잊어버리세요.
（悪いことは早く忘れちゃってください。）

□ ❷ 残る **남다** [남따]

例) 파리의 에펠탑이 인상에 많이 남았어요.
（パリのエッフェル塔がとても印象に残りました。）

□ ❷ 残す **남기다**

例) 음식을 남기면 안 돼요.
（食べ物を残してはいけません。）

22 動詞

(2) 〈初級Ⅱ〉動詞③

- ② けんかする　　싸우다

  例) 어제 남자 친구랑 싸웠어요.
  (昨日彼氏とけんかをしました。)

- ② 勝つ　　이기다

  例) 그래서 누가 이겼어요?
  (それで誰が勝ちましたか？)

- ② 負ける　　지다

  例) 제가 졌어요.
  (私が負けました。)

- ② 腹が立つ　　화나다

  例) 오늘 회사에서 상사 때문에 너무 화났어요.
  (今日会社で上司のせいで、とても腹が立ちました。)

- ② 怒る　　화내다

  例) 그렇게 화내지 말고 진정하세요.
  (そんなに怒らないで落ち着いてください。)

- ② 割る　　깨다

  例) 아침에 유리컵을 깼어요.
  (朝、グラスを割ってしまいました。)

- ② 割れる　　깨지다

  例) 가방 안에서 파운데이션이 깨졌어요.
  (カバンの中でファンデーションが割れちゃいました。)

☐ ❷ 直す　　　고치다

例) 이 노트북 고칠 수 있어요?
（このノートパソコン直せますか？）

☐ ❷ はめる　　　끼우다

例) 추우니까 코트 단추를 끼우세요.
（寒いからコートのボタンをはめてください。）

☐ ❷ はめる　　　끼다

例) 결혼반지는 잘 안 껴요. （結婚指輪はあまりはめません。）
＊「끼다」は「끼우다」の縮約形。

☐ ❷ 生まれる　　　태어나다

例) 드디어 첫 손자가 태어났어요.
（ついに初孫が生まれました。）

☐ ❷ 抱く　　　안다　[안따]

例) 아이를 빨리 안아 보고 싶어요.
（子供を早く抱いてみたいです。）

☐ ❷ 似る　　　닮다　[담따]

例) 아이가 아버지를 많이 닮았네요.
（お子さんがお父さんによく似てますね。）

☐ ❷ つかむ　　　잡다

例) 버스에서는 손잡이를 꼭 잡으세요.
（バスでは必ず手すりをつかんでください。）

☐ ❷ 投げる　　　던지다

例) 이쪽으로 공 좀 던져 주세요.
（こちらにボールを投げてください。）

☐ ❷ 守る　　　지키다

例) 약속은 꼭 지켜야 돼요.
（約束は必ず守らなければなりません。）

179

動詞

(2)
〈初級Ⅱ〉 動詞④

- □ ❷ (料理を) 用意する　　차리다

  例) 차린 건 없지만 많이 드세요.
  （用意したものはありませんが、たくさん召し上がってください。）

- □ ❷ 混ぜる　　비비다

  例) 한국에는 비벼서 먹는 음식이 많은 것 같아요.
  （韓国には混ぜて食べる料理が多いみたいです。）

- □ ❷ 炒める　　볶다 [복따]

  例) 오징어 볶음은 오징어와 야채를 맵게 볶은 요리예요.
  （オジンオポックムはイカと野菜を辛く炒めた料理です。）

- □ ❷ 焼く　　부치다

  例) 비가 오니까 지짐이라도 부칠까요? （雨だからチヂミでも焼きましょうか？）　*「부치다」は油を敷いて焼くことを指す。

- □ ❷ つける　　찍다

  例) 한국에서는 회를 고추장에 찍어서 먹어요?
  （韓国では刺身をコチュジャンにつけて食べますか？）

- □ ❷ かむ　　씹다

  例) 음식은 꼭꼭 씹어서 먹어야 해요.
  （食べ物はよくかんで食べなければいけません。）

- □ ❷ 引く　　빼다

  例) 오에서 삼을 빼면 이예요.
  （5から3を引くと2です。）

☐ ❷ 減らす　　　**줄이다**

例）올해는 술을 줄일 거예요.
（今年はお酒を減らすつもりです。）

☐ ❷ （体重を）減らす　　**살을 빼다**

例）여름까지 오 킬로 정도 살을 빼고 싶어요.
（夏までに５キロくらい体重を減らしたいです。）

☐ ❷ 太る　　　**살찌다**

例）요즘 스트레스 때문에 살쪘어요.
（最近ストレスのせいで太りました。）

☐ ❷ 断つ　　　**끊다**　[끈타]

例）오늘부터 담배를 끊기로 했어요.
（今日からタバコを断つことにしました。）

☐ ❷ 踊る　　　**추다**

例）한국 가수들은 정말 춤을 잘 춰요.
（韓国の歌手たちは本当に踊りが上手です。）

☐ ❷ 描く　　　**그리다**

例）그림을 그리는 걸 좋아해요.
（絵を描くのが好きです。）

☐ ❷ 動く　　　**움직이다**

例）주사 맞을 때는 움직이지 마세요.
（注射をする時は動かないでください。）

☐ ❷ 止まる　　　**멈추다**

例）길을 건너기 전에는 반드시 멈춰야 합니다.
（道を渡る前には必ず止まらなければなりません。）

☐ ❷ やむ　　　**그치다**

例）아까는 비가 왔는데 지금은 그쳤어요.
（さっきは雨が降っていましたが、今はやみました。）

22 動詞

(2) 〈初級Ⅱ〉動詞⑤

☐ ❷ 取る　　　　따다

例) 스무 살이 되면 면허를 딸 거예요. (二十歳になったら免許を取るつもりです。) ＊「資格などを取る」という意味として使える。

☐ ❷ 受かる　　　붙다

例) 언니가 가고 싶어하던 대학에 붙었대요.
（姉が行きたがっていた大学に受かったそうです。）

☐ ❷ 落ちる　　　떨어지다

例) 원숭이도 나무에서 떨어질 날이 있어요.
（猿も木から落ちるものですよ。）

☐ ❷ 緊張する　　긴장하다

例) 너무 긴장하지 마세요.
（あまり緊張しないでください。）

☐ ❷ 過ぎる　　　지나다

例) 시간이 지나면 괜찮아질 거예요.
（時間が過ぎるとよくなると思います。）

☐ ❷ 超える　　　넘다　[넘따]

例) 콘서트 장에 온 사람이 만 명을 넘었대요.
（コンサート会場に来た人が１万人を超えたそうです。）

☐ ❷ 後回しにする　미루다

例) 오늘 일을 내일로 미루지 마세요.
（今日のことを明日に後回しにしないでください。）

☐ ❷ **たまる** 　　　　**쌓이다** [싸이다]

例) 요즘 논문 때문에 스트레스가 쌓여요.
（最近、論文のせいでストレスがたまります。）

☐ ❷ **注文する** 　　　　**시키다**

例) 뭐 시킬까요?
（何を注文しましょうか？）

☐ ❷ **終わる** 　　　　**끝나다** [끈나다]

例) 회의가 벌써 끝났어요?
（会議がもう終わりましたか？） ＊「始まる」は「시작되다」。

☐ ❷ **終える** 　　　　**끝내다** [끈내다]

例) 일을 빨리 끝내고 집에 가고 싶어요.
（早く仕事を終えて家に帰りたいです。）

☐ ❷ **済ます** 　　　　**마치다**

例) 오늘 수업 마친 후에 같이 식사해요.
（今日授業を済ませた後一緒に食事しましょう。）

☐ ❷ **変わる** 　　　　**바뀌다**

例) 전화 번호가 바뀌었어요?
（電話番号が変わりましたか？）

☐ ❷ **移す** 　　　　**옮기다** [옴기다]

例) 주소를 언니 집으로 옮겼어요.
（住所を姉の家に移しました。）

☐ ❷ **手伝う** 　　　　**도와주다**

例) 시간이 있으면 좀 도와주세요.
（時間があったら手伝ってください。）

☐ ❷ **分ける** 　　　　**나누다**

例) 사과를 반으로 나눠 먹었어요.
（りんごを半分に分けて食べました。）

22 動詞 (2) 〈初級Ⅱ〉動詞⑥

- ❷ 出す　　　　　　**내다**

  例) 벌써 신청서를 냈어요?
  (もう申請書を出しましたか？)

- ❷ 出る　　　　　　**나다**

  例) 사우나를 하면 땀이 많이 나요.
  (サウナをすると汗がたくさん出ます。)

- ❷ 感じる　　　　　**느끼다**

  例) 이 책을 읽고 느낀 점이 많아요.
  (この本を読んで感じたことが多いです。)

- ❷ 走る　　　　　　**뛰다**

  例) 복도에서 뛰지 마세요.
  (廊下で走らないでください。)

- ❷ (速く)走る　　　**달리다**

  例) 어렸을 때 부터 달리는 게 특기였어요.
  (小さい時から走るのが特技でした。) ＊「駆けっこ」は「달리기」。

- ❷ 転ぶ　　　　　　**넘어지다**

  例) 아이들은 잘 넘어져요.
  (子供はよく転びます。)

- ❷ 立ち上がる　　　**일어서다**

  例) 관객들이 일어서서 박수를 쳤어요.
  (観客が立ち上がって拍手をしました。)

☐ ❷ けがする **다치다**

例) 어제 넘어져서 좀 다쳤어요.
（昨日、転んで少しけがをしました。）

☐ ❷ 打たれる **맞다**

例) 어제 비를 맞아서 감기에 걸렸어요.（昨日雨に打たれて風邪をひきました。）＊慣用的表現で「注射をする」は「주사를 맞다」。

☐ ❷ 触る **만지다**

例) 만지지 말고 눈으로만 보세요.
（触らないで目で見るだけにしてください。）

☐ ❷ 広げる **펴다**

例) 이십 페이지를 펴세요.
（20ページを広げてください。）

☐ ❷ 畳む **개다**

例) 빨래는 다 갰어요?
（洗濯物は全部畳みましたか？）

☐ ❷ （布類を）かける **덮다** [덥따]

例) 추우면 담요를 덮으세요.
（寒かったら毛布をかけてください。）

☐ ❷ 集まる **모이다**

例) 지난주에 우리 집에 모여서 파티를 했어요.
（先週うちに集まってパーティをしました。）

☐ ❷ 騒ぐ **떠들다**

例) 수업 시간에 떠들지 마세요.
（授業中に騒がないでください。）

☐ ❷ 怒られる **혼나다**

例) 회사에서 실수를 해서 부장님한테 혼났어요.
（会社でミスをして部長に怒られました。）

22
動詞

22 動詞

(2) 〈初級Ⅱ〉動詞⑦

- ❷ 合う　　　맞다

  例）어제 시험을 봤는데 다 맞았어요.
  （昨日試験を受けましたが全部合ってました。）

- ❷ 間違える　　　틀리다

  例）한국어로 숫자를 말할 때 틀릴 때가 많아요.
  （韓国語で数字を言う時、間違えることが多いです。）

- ❷ 紛らわしい　　　헷갈리다　[헴깔리다]

  例）비슷한 표현이 많아서 헷갈려요.
  （似ている表現が多くて紛らわしいです。）

- ❷ 願う　　　바라다

  例）오래오래 행복하시기를 바랍니다.
  （末永くお幸せであることを願います。）

- ❷ 咲く　　　피다

  例）정원에 장미가 많이 피었어요.
  （庭にバラがたくさん咲きました。）

- ❷ 現れる　　　나타나다

  例）어젯밤에 유에프오가 나타났대요.
  （昨晩 UFO が現れたらしいですよ。）

- ❷ できる　　　생기다

  例）동네에 백화점이 새로 생겼어요.
  （近所にデパートが新しくできました。）

- ❷ 似合う　　　**어울리다**

例）저 두 사람은 정말 잘 어울리지요?
（あの二人は本当によくお似合いですよね？）

- ❷ 別れる　　　**헤어지다**

例）얼마 전에 남자 친구하고 헤어졌어요.
（この前彼氏と別れました。）

- ❷ （お肉が）硬い　　　**질기다**

例）이 고기는 너무 질겨서 못 먹겠어요.
（この肉は硬すぎて食べられません。）

- ❷ 破れる　　　**찢어지다**

例）어제 태풍 때문에 우산이 찢어졌어요.
（昨日台風で傘が破れました。）

- ❷ 貼る　　　**붙이다**

例）벽에 포스터를 붙여도 돼요?
（壁にポスターを貼ってもいいですか？）

- ❷ 値引く　　　**깎다**

例）이 옷은 만 원 깎아서 샀어요.
（この服は1万ウォン値引いて買いました。）

- ❷ おごる　　　**한턱내다**　[한텅내다]

例）오늘 월급날이니까 제가 한턱낼게요.
（今日は給料日だから私がおごります。）

- ❷ 締める　　　**매다**

例）넥타이 매는 법을 몰라요.
（ネクタイの締め方がわかりません。）

- ❷ つける　　　**켜다**

例）더우면 에어컨을 켜세요.
（暑かったらエアコンをつけてください。）　＊「消す」は「끄다」。

22 動詞 (3) 〈敬語〉

□ ❶ **いらっしゃる** — 계시다

例) 오늘 부모님은 여행을 가셔서 안 계세요. (今日両親は旅行に行ったのでいません。) ＊韓国では、身内の人に対しても、目上の人であれば敬語を使う。

□ ❶ **くださる** — 주시다

例) 어제 선배님이 점심을 사 주셨어요.
(昨日先輩がお昼をおごってくださいました。)

□ ❶ **差し上げる** — 드리다

例) 결혼기념일 선물은 뭘 드릴까요?
(結婚記念日のプレゼントは何を差し上げましょうか?)

□ ❶ **亡くなられる** — 돌아가시다

例) 할아버지는 제가 어렸을 때 돌아가셨어요.
(祖父は私が小さい時に亡くなりました。)

□ ❶ **行かれる** — 가시다

例) 사장님께서 내일 해외로 출장 가신대요.
(社長が明日海外に出張に行かれるそうです。)

□ ❶ **来られる** — 오시다

例) 오늘은 몇 시 쯤 오실 거예요?
(今日は何時くらいにいらっしゃいますか?)

□ ❶ **お持ちだ** — 있으시다 [이쓰시다]

例) 비 오는데 우산 있으세요?
(雨降ってますが、傘はお持ちですか?)

□ ❶ ご存知だ **아시다**

例) 한국에 대해서 잘 아시잖아요.
（韓国についてよくご存知じゃないですか。）

□ ❶ なさる **하시다**

例) 어떤 걸로 하시겠습니까?
（どれになさいますか？）

□ ❶ ご覧になる **보시다**

例) 이번에 새로 나온 영화 보셨어요?
（今回新しく出た映画ご覧になりましたか？）

□ ❶ なられる **되시다**

例) 할머니 연세는 어떻게 되세요?（お祖母さんの年齢はおいくつですか？）＊「어떻게 되세요?」の直訳は「どうなられますか？」。

□ ❶ 召し上がる **드시다**

例) 이것도 드셔 보세요.（これも召し上がってみてください。）
＊会話で「잡수시다」より「드시다」のほうがよく使われる。

□ ❶ 召し上がる **잡수시다** [잡쑤시다]

例) 저희 어머니는 고기는 안 잡수세요.
（私の母はお肉は食べません。）

□ ❶ お休みになる **주무시다**

例) 아직 여덟 시 밖에 안 됐는데 벌써 주무세요?
（まだ8時にしかなっていないのに、もうお休みになりましたか？）

□ ❶ おっしゃる **말씀하시다**

例) 필요한 게 있으시면 말씀하세요.
（必要なものがありましたらおっしゃってください。）

□ ❶ お目にかかる **뵙다** [뵙따]

例) 그럼 다음에 또 뵙겠습니다.
（では、次回またお目にかかります。）

動詞 (4) 〈ㄹ不規則活用〉

□ ❶ 遊ぶ　　　놀다

例) 다음에 같이 놀러 갑시다.
（今度一緒に遊びに行きましょう。）

□ ❶ 作る　　　만들다

例) 이 목도리 제가 만들었어요.
（このマフラー、私が作りました。）

□ ❶ 住む　　　살다

例) 어디에 사세요?
（どこにお住まいですか？）

□ ❶ （電話を）かける　　　걸다

例) 일주일에 한 번 부모님께 전화를 걸어요.
（一週間に１回両親に電話をかけます。）

□ ❶ 開ける　　　열다

例) 창문 좀 열어 주시겠어요?
（窓を開けていただけますか？）

□ ❶ 知る　　　알다

例) 그 가게 전화번호 알아요?
（その店の電話番号知ってますか？）　＊「知らない」は「모르다」。

□ ❶ 泣く　　　울다

例) 영화가 슬퍼서 울었어요.
（映画が悲しくて泣きました。）　＊「笑う」は「웃다」。

☐ ❶ **吹く** **불다**

例）오늘은 바람이 많이 **부네요**.
（今日は風が結構吹いてますね。）

☐ ❶ **売る** **팔다**

例）많이 **파세요**.（たくさん売ってください。）
＊商売繁盛の意味を込めた挨拶としてよく言われる語句。

☐ ❷ **伸びる** **늘다**

例）한국어 실력이 안 **늘어서** 걱정이에요.
（韓国語の実力が伸びなくて心配です。）

☐ ❷ **減る** **줄다**

例）요즘 학교에 아이들이 많이 **줄었어요**.
（最近の学校は子供たちがかなり減りました。）

☐ ❷ **持つ** **들다**

例）짐 좀 **들어** 주세요.
（荷物をちょっと持ってください。）

☐ ❷ **ほぐす** **풀다**

例）긴장을 **푸는** 방법이 있어요?（緊張をほぐす方法はありますか？）＊慣用的表現で「ストレスを解消する」は「<u>스트레스를 **풀다**</u>」。

☐ ❷ **稼ぐ** **벌다**

例）돈을 많이 **벌면** 세계일주를 하고 싶어요.
（お金をたくさん稼いだら世界一周がしたいです。）

☐ ❷ **（洗濯物を）洗う** **빨다**

例）이 옷은 어떻게 **빨면** 돼요?
（この服はどうやって洗えばいいですか？）

☐ ❷ **飛ぶ** **날다**

例）새처럼 **날아**보고 싶어요.
（鳥のように飛んでみたいです。）

動詞
(5)
〈으不規則活用〉

- □ ❶ 書く　　　쓰다

  例) 매일 한국어로 일기를 써요.
  （毎日韓国語で日記を書きます。）

- □ ❷ 消す　　　끄다

  例) 가스 불 좀 꺼 주세요.
  （ガスの火を消してください。）　＊「つける」は「켜다」。

- □ ❸ 集める　　모으다

  例) 저는 세계 각국의 엽서를 모으고 있어요.
  （私は世界各国のハガキを集めています。）

- □ ❹ 立ち寄る　들르다

  例) 전 우체국에 들렀다 갈 거니까 먼저 가세요.
  （私は郵便局に寄ってから行くので先に行ってください。）

- □ ❺ 注ぐ　　　따르다

  例) 웃어른께 술을 따를 때는 두 손으로 따라요.
  （目上の人にお酒を注ぐときは両手で注ぎます。）

- □ ❻ 漬ける　　담그다

  例) 어제 집에서 김치를 담갔어요.
  （昨日家でキムチを漬けました。）

動詞 (6) 〈ㄷ/ㅂ不規則活用〉

🎧 095

□ ❶ 尋ねる　　　　　묻다 [묻따]

例) 말씀 좀 묻겠습니다.
（ちょっとお尋ねします。）

□ ❶ 聞く　　　　　듣다

例) 이 노래 들어 본 적이 있어요?
（この歌を聞いてみたことがありますか？）

□ ❷ 歩く　　　　　걷다

例) 여기에서 걸어서 얼마나 걸려요?
（ここから歩いてどれくらいかかりますか？）

□ ❷ 積む　　　　　싣다

例) 차에 실을 거니까 짐이 많아도 괜찮아요.
（車に積むから荷物が多くても大丈夫ですよ。）

□ ❷ 助ける　　　　돕다

例) 어려울 때는 서로 도와야 돼요.
（大変な時はお互い助け合うべきです。）

□ ❷ 焼く　　　　　굽다

例) 술안주로 오징어를 구워서 먹어요.
（お酒のおつまみにスルメを焼いて食べます。）

□ ❷ 横になる　　　눕다

例) 너무 피곤해서 좀 누워 있었어요.
（とても疲れたので、ちょっと横になっていました。）

22 動詞

(7)
〈ㅅ不規則活用〉

- ❷ 治る　　　　　　　**낫다**　[낟따]

  例) 약을 먹었는데도 감기가 잘 안 나아요.
  （薬を飲んだのに風邪がなかなか治りません。）

- ❷ むくむ　　　　　　**붓다**

  例) 너무 오래 서 있어서 다리가 부었어요.
  （長時間立ちっぱなしで脚がむくみました。）

- ❷ かき混ぜる　　　　**젓다**

  例) 죽을 드실 때는 잘 저어서 드세요.
  （お粥を召し上がる時はよくかき混ぜて召し上がってください。）

- ❷ 建てる　　　　　　**짓다**

  例) 두 달 전에 시골에 집을 지었어요.
  （2カ月前に田舎に家を建てました。）

- ❷ （線を）引く　　　**긋다**

  例) 밑줄을 그은 단어는 외우세요.
  （下線を引いた単語は覚えてください。）

(8) 〈르不規則活用〉

- [ ] ❶ 知らない　　　　　モ르다

  例) 저는 그 사람을 몰라요.
  （私はその人を知りません。）

- [ ] ❷ 選ぶ　　　　　　고르다

  例) 이 중에서 하나만 골라 주세요.
  （この中で1つだけ選んでください。）

- [ ] ❸ 渇く　　　　　　마르다

  例) 목이 마르면 주스보다 물을 드세요.
  （喉が渇いたらジュースよりお水を飲んでください。）

- [ ] ❹ 呼ぶ　　　　　　부르다

  例) 지금 저를 부르셨어요?
  （今私を呼びましたか？）

- [ ] ❺ 押す　　　　　　누르다

  例) 칠 층 좀 눌러 주세요.
  （7階を押してください。）

- [ ] ❻ 切る　　　　　　자르다

  例) 더워서 머리를 짧게 잘랐어요.
  （暑いので髪を短く切りました。）

- [ ] ❼ 飼う　　　　　　기르다

  例) 지금 집에서 새를 기르고 있어요.
  （今家で鳥を飼っています。）

22

動詞

(9) 〈-하다〉動詞①

□ ❶ 勉強する　　　공부하다

例) 저는 지금 한국어를 공부해요.
（私は今韓国語を勉強しています。）

□ ❶ 卒業する　　　졸업하다　[조러파다]

例) 대학교 졸업하고 뭐 하고 싶어요?
（大学を卒業して何がしたいですか？）

□ ❶ 留学する　　　유학하다　[유하카다]

例) 어디로 유학하고 싶어요?
（どこへ留学したいですか？）

□ ❶ 就職する　　　취직하다　[취지카다]

例) 얼마 전에 취직했어요.
（この間就職しました。）

□ ❶ 仕事する　　　일하다

例) 회사에서는 보통 저녁 여섯 시까지 일해요.
（会社では普通夕方6時まで仕事をします。）

□ ❶ 退社する　　　퇴근하다

例) 몇 시에 퇴근해요?
（何時に退社しますか？）＊「퇴근」は「退勤」の読み。

□ ❶ 掃除する　　　청소하다

例) 마당은 누가 청소해요?
（庭は誰が掃除しますか？）

☐ ❶ 洗濯する	빨래하다

例） 빨래하면 기분이 좋아요.
（洗濯すると気持ちがいいです。）

☐ ❶ 運動する	운동하다

例） 일주일에 두 번 운동해요.
（1週間に2回運動します。）

☐ ❶ シャワーを浴びる	샤워하다

例） 운동하고 샤워했어요.
（運動してシャワーを浴びました。）

☐ ❶ 話す	이야기하다

例） 어제 아버지하고 이야기했어요.
（昨日父と話しました。）

☐ ❶ 電話する	전화하다

例） 지금 전화해도 돼요?
（今電話してもいいですか？）

☐ ❶ 連絡する	연락하다　[열라카다]

例） 이따가 다시 연락하세요.
（後でまた連絡してください。）

☐ ❶ 好きだ	좋아하다

例） 혹시 저 사람을 좋아해요?（もしかしてあの人のことが好きで
すか？）＊「좋아하다」の前では助詞「을/를」を使うので注意。

☐ ❶ 愛する	사랑하다

例） 저는 우리 가족을 정말 사랑해요.
（私はうちの家族を本当に愛しています。）

☐ ❶ 結婚する	결혼하다　[겨로나다]

例） 야마다 씨, 결혼했어요?
（山田さん、結婚していますか？）

22 動詞

(9) 〈-하다〉動詞②

- ❶ 化粧する — 화장하다
  - 例) 집에서도 화장해요?
  　　（家でも化粧していますか？）

- ❶ 運転する — 운전하다
  - 例) 한국에서도 운전할 수 있어요?
  　　（韓国でも運転することができますか？）

- ❶ 外出する — 외출하다
  - 例) 가족이 모두 외출해서 집에 아무도 없어요.
  　　（家族みんな外出していて、家に誰もいません。）

- ❶ 出発する — 출발하다
  - 例) 남동생은 벌써 공항으로 출발했어요.
  　　（弟はもう空港へ出発しました。）

- ❶ 到着する — 도착하다 [도차카다]
  - 例) 언제쯤 도착해요?
  　　（いつ頃到着しますか？）

- ❶ 見物する — 구경하다
  - 例) 요코하마의 여기저기를 구경하고 싶어요.
  　　（横浜のあっちこっちを見物したいです。）

- ❶ 案内する — 안내하다
  - 例) 손님께 회사 안을 안내해 드렸어요.
  　　（お客さんに会社の中をご案内しました。）

- ❶ **外食する** 　　外식하다　[외시카다]

  例) 오늘 저녁은 외식합시다.
  （今日の夜は外食しましょう。）

- ❶ **注文する** 　　주문하다

  例) 저 대신 주문해 주세요.
  （私の代わりに注文してください。）

- ❶ **包装する** 　　포장하다

  例) 피자 좀 포장해 주시겠어요? (ピザを包んでいただけますか？)
  ＊「포장하다」はラッピングの意味や「持ち帰り」の意味でも使える。

- ❶ **お願いする** 　　부탁하다　[부타카다]

  例) 하나만 부탁해도 될까요?
  （ひとつだけお願いしてもいいですか？）

- ❶ **プレゼントする** 　　선물하다

  例) 어버이날에 부모님께 꽃다발을 선물했어요.
  （両親の日に両親に花束をプレゼントしました。）

- ❶ **練習する** 　　연습하다　[연스파다]

  例) 한국어 발음은 어떻게 연습하면 돼요?
  （韓国語の発音はどうやって練習すればいいですか？）

- ❶ **始める** 　　시작하다　[시자카다]

  例) 수업을 시작합시다.
  （授業を始めましょう。） ＊「終える」は「끝내다」。

- ❶ **遅刻する** 　　지각하다　[지가카다]

  例) 길이 많이 밀려서 지각했어요.
  （道がとても混んでいて遅刻しました。）

- ❶ **チェックする** 　　체크하다

  例) 저는 매일 밤에 메일을 체크해요.
  （私は毎晩メールをチェックします。）

動詞

(9) 〈-하다〉動詞③

□ ❷ 考える　　　　　　生각하다　[생가카다]

例) 이 문제에 대해서 어떻게 생각해요?
（この問題についてどう考えますか？）　＊「思う」も「생각하다」。

□ ❷ 質問する　　　　　질문하다

例) 질문해도 돼요?
（質問してもいいですか？）

□ ❷ 答える　　　　　　대답하다　[대다파다]

例) 그건 참 대답하기 어려운 문제네요.
（それはとても答えにくい問題ですね。）

□ ❷ 説明する　　　　　설명하다

例) 이 문법을 설명해 주세요.
（この文法を説明してください。）

□ ❷ 理解する　　　　　이해하다

例) 저로서는 정말 이해할 수가 없어요.
（私としては本当に理解できません。）

□ ❷ 記憶する　　　　　기억하다　[기어카다]

例) 작년에 한 번 만났는데 저 기억하세요?
（去年一度お会いしたのですが、私のこと覚えていますか？）

□ ❷ 慣れる　　　　　　적응하다

例) 미국은 어때요? 많이 적응했어요?
（アメリカはどうですか？ けっこう慣れましたか？）

☐ ❷ 努力する　　　**노력하다** [노려카다]

例) 열심히 노력하면 성공할 거예요.
（一生懸命努力すれば成功するでしょう。）

☐ ❷ 心配する　　　**걱정하다** [걱쩡하다]

例) 너무 걱정하지 마세요. 다 잘 될 거예요.
（あまり心配しないでください。すべてうまくいくでしょう。）

☐ ❷ 入院する　　　**입원하다** [이붠나다]

例) 사토 씨가 입원했다고 해서 병문안 가려고 해요.
（佐藤さんが入院したそうなので、お見舞いに行こうと思います。）

☐ ❷ 治療する　　　**치료하다**

例) 충치는 빨리 치료해야 돼요.
（虫歯は早めに治療しなければなりません。）

☐ ❷ 気をつける　　**조심하다**

例) 눈이 많이 오니까 운전 조심하세요.
（雪がたくさん降っているので、運転に気をつけてください。）

☐ ❷ 期待する　　　**기대하다**

例) 그 사람한테 너무 기대하지 마세요.
（その人にあまり期待しないでください。）

☐ ❷ 流行する　　　**유행하다**

例) 올해는 어떤 스타일이 유행할 것 같아요?
（今年はどんなスタイルが流行しそうですか？）

☐ ❷ セールする　　**세일하다**

例) 백화점에서는 언제부터 세일해요?
（デパートではいつからセールをしますか？）

☐ ❷ 変わる　　　　**변하다** [벼나다]

例) 사람 성격은 나이가 들면 변한대요.
（人の性格は年を取ると変わるそうです。）

動詞

(9)
〈-하다〉動詞④

□ ❷ 選択する　　　　　　**선택하다**　[선태카다]

例) 메인 요리는 선택할 수 있습니다.
（メイン料理は選択することができます。）

□ ❷ 決める　　　　　　　**정하다**

例) 회식 장소는 어디로 정했어요?
（会食の場所はどこに決めましたか？）＊「決まる」は「정해지다」。

□ ❷ 決定する　　　　　　**결정하다**　[결쩡하다]

例) 이번 대회에 참가하기로 결정했습니다.
（今回の大会に参加することが決定しました。）

□ ❷ 取り消す　　　　　　**취소하다**

例) 예약을 취소하고 싶은데요.
（予約を取り消したいのですが。）

□ ❷ 申請する　　　　　　**신청하다**

例) 어제 비자 신청하러 대사관에 갔다 왔어요.
（昨日ビザを申請しに大使館に行ってきました。）

□ ❷ 準備する　　　　　　**준비하다**

例) 준비할 게 너무 많아서 힘들어요.
（準備するものが多すぎて大変です。）

□ ❷ 観光する　　　　　　**관광하다**

例) 여기저기 천천히 관광할 수 있어서 좋았어요.
（あっちこっちゆっくり観光できてよかったです。）

☐ ❷ 撮影する　　　撮影하다

例）여기는 드라마를 촬영한 곳이에요.
（ここはドラマを撮影した所です。）

☐ ❷ 招待する　　　초대하다

例）손님을 많이 초대해서 바쁠 것 같아요.
（お客さんをたくさん招待したので忙しくなりそうです。）

☐ ❷ 参加する　　　참석하다　　[참서카다]

例）다음 달 회의에는 꼭 참석하세요.（来月の会議には必ず参加
してください。）＊「참석」は「参席」の読み。

☐ ❷ 歓迎する　　　환영하다

例）이렇게 환영해 주셔서 감사합니다.
（こんなに歓迎していただき、ありがとうございます。）

☐ ❷ 出席する　　　출석하다　　[출서카다]

例）오늘 수업에 출석한 사람은 몇 명입니까?
（今日授業に出席した人は何名ですか？）

☐ ❷ 欠席する　　　결석하다　　[결써카다]

例）초등학교 때는 한 번도 결석한 적이 없어요.
（小学校の時は一度も欠席したことがありません。）

☐ ❷ 伝える　　　전하다

例）뭐라고 전해 드릴까요?
（何とお伝えしましょうか？）

☐ ❷ 通じる　　　통하다

例）서울에서 한국말이 통해서 너무 기뻤어요.
（ソウルで韓国語が通じてとても嬉しかったです。）

☐ ❷ 願う　　　원하다

例）원하면 이루어진다고 해요.
（願えばかなうと言います。）

22 動詞

(9) 〈-하다〉動詞⑤

□ ❷ **皿洗いをする** — 설거지하다

例) <u>설거지하는</u> 건 자신 있어요.
（皿洗いをするのは自信があります。）

□ ❷ **顔を洗う** — 세수하다

例) 아침에 제일 먼저 <u>세수해요</u>.
（朝は真っ先に顔を洗います。）

□ ❷ **お風呂に入る** — 목욕하다 [모교카다]

例) 피곤할 때는 <u>목욕해요</u>.
（疲れた時はお風呂に入ります。） ＊「목욕」は「沐浴」の読み。

□ ❷ **引越す** — 이사하다

例) 어디로 <u>이사할</u> 예정이에요?
（どこへ引っ越す予定ですか？）

□ ❷ **紹介する** — 소개하다

例) 지금 여자 친구는 선배가 <u>소개해</u> 줬어요.
（今の彼女は先輩が紹介してくれました。）

□ ❷ **挨拶する** — 인사하다

例) 서로 <u>인사하세요</u>.
（お互い挨拶してください。）

□ ❷ **利用する** — 이용하다

例) 항상 <u>이용해</u> 주셔서 감사합니다.
（いつもご利用いただき、ありがとうございます。）

☐ ❷ 使用する　　　사용하다

例）인도는 향신료를 사용한 요리가 대부분이에요.
（インドは香辛料を使用した料理がほとんどです。）

☐ ❷ 整理する　　　정리하다　[정니하다]

例）오랫만에 책상을 정리했어요.
（久しぶりに机を整理しました。）

☐ ❷ 入力する　　　입력하다　[임녀카다]

例）회사에서 데이터 입력하는 작업을 해요.
（会社でデータを入力する仕事をしています。）

☐ ❷ 提案する　　　제안하다

例）이건 제가 제안한 아이디어예요.
（これは私が提案したアイディアです。）

☐ ❷ 提出する　　　제출하다

例）어제 보고서를 제출했는데 보셨어요?
（昨日報告書を提出しましたが、ご覧になりましたか？）

☐ ❷ 調査する　　　조사하다

例）학교 숙제로 전통문화에 대해 조사했어요.
（学校の宿題で伝統文化について調査しました。）

☐ ❷ 計算する　　　계산하다

例）칼로리를 정확히 계산하는 건 어려워요.
（カロリーを正確に計算するのは難しいです。）

☐ ❷ 確認する　　　확인하다

例）항공권의 이름을 다시 한 번 확인하세요.
（航空券の名前をもう一度確認してください。）

☐ ❷ 退職する　　　퇴사하다

例）퇴사하면 남쪽 나라에 가서 살고 싶어요.（退職したら、南の国に行って暮らしたいです。）＊「퇴사」は「退社」の読み。

23 形容詞

(1) 〈初級Ⅰ〉形容詞

□ ❶ 良い　　　　　　　　　**좋다** [조타]

例) 일본은 봄에 오면 제일 좋아요.
（日本は春に来ると一番良いです。）＊「悪い」は「나쁘다」。

□ ❶ 面白い　　　　　　　　**재미있다** [재미읻따]

例) 요즘 무슨 영화가 재미있어요? （最近どんな映画が面白いですか？）＊「つまらない」は「재미없다」。

□ ❶ おいしい　　　　　　　**맛있다** [마싣따]

例) 김치찌개는 맛있어요?
　（キムチチゲはおいしいですか？）＊「まずい」は「맛없다」。

□ ❶ 格好いい　　　　　　　**멋있다**

例) 우리 아버지는 정말 멋있어요.
　（うちの父は本当に格好いいです。）

□ ❶ 安い　　　　　　　　　**싸다**

例) 화장품은 어디가 싸요?
　（化粧品はどこが安いですか？）＊「(値段が) 高い」は「비싸다」。

□ ❶ 多い　　　　　　　　　**많다** [만타]

例) 집에 책이 정말 많네요.
　（家に本が本当に多いですね。）

□ ❶ 少ない　　　　　　　　**적다** [적따]

例) 생각보다 양이 적어요.
　（思ったより量が少ないです。）

□ ❶ 高い　　　　　　**높다**

例）스카이트리는 얼마나 **높아요**?
（スカイツリーはどれくらい高いですか？）

□ ❶ 低い　　　　　　**낮다**

例）계단이 **낮아서** 편하네요.
（階段が低くて楽ですね。）

□ ❶ 小さい　　　　　**작다**

例）글씨가 **작아서** 잘 안 보여요.
（字が小さくてよく見えません。）　＊「大きい」は「크다」。

□ ❶ 短い　　　　　　**짧다** [짤따]

例）머리가 너무 **짧지** 않아요?
（髪があまりにも短くありませんか？）　＊「長い」は「길다」。

□ ❶ 広い　　　　　　**넓다** [널따]

例）집이 **넓어서** 참 좋네요.
（家が広くてとてもいいですね。）

□ ❶ 狭い　　　　　　**좁다**

例）도로가 **좁아서** 사고가 많아요.
（道路が狭くて事故が多いです。）

□ ❶ 若い　　　　　　**젊다** [점따]

例）나이보다 **젊어** 보이시네요.
（年より若く見えますね。）

□ ❶ 大丈夫だ　　　　**괜찮다** [괜찬타]

例）배가 아파요? **괜찮아요**?
（お腹が痛いですか？　大丈夫ですか？）

□ ❶ 同じだ　　　　　**같다**

例）한국어하고 일본어는 어순이 **같아요**.
（韓国語と日本語は語順が同じです。）　＊「違う」は「다르다」。

23 形容詞

🎧 104

(2)
〈初級Ⅱ〉形容詞

☐ ❷ **幼い** — **어리다**

例) 어릴 때는 싫어하는 음식이 많았어요.
(幼い時は嫌いな食べ物が多かったです。)

☐ ❷ **明るい** — **밝다** [박따]

例) 저는 밝은 색 옷을 자주 입어요.
(私は明るい色の服をよく着ます。) ＊「暗い」は「어둡다」。

☐ ❷ **冷たい** — **차다**

例) 바람이 차니까 안에서 기다리세요. (風が冷たいので中で待っててください。) ＊「暖かい」は「따뜻하다」。

☐ ❷ **遅い** — **느리다**

例) 저는 밥 먹는 게 느린 편이에요.
(私はご飯を食べるのが遅いほうです。) ＊「速い」は「빠르다」。

☐ ❷ **塩辛い** — **짜다**

例) 이 음식 좀 짠데요.
(この料理、少し塩辛いんですが。) ＊「味が薄い」は「싱겁다」。

☐ ❷ **酸っぱい** — **시다**

例) 피곤할 때는 신 게 좋대요.
(疲れた時は酸っぱいのがいいそうです。) ＊「酸味」は「신맛」。

☐ ❷ **薄い** — **얇다** [알따]

例) 옷이 얇아서 춥겠네요.
(服が薄くて寒いでしょうね。) ＊「厚い」は「두껍다」。

❷ 深い　깊다

例）너무 깊은 곳까지 가지 마세요. （あまり深いところまで行か
ないでください。）＊「浅い」は「얕다」。

❷ 強い　세다

例）한국 사람은 모두 술이 세요?
（韓国人はみんなお酒が強いですか？）＊「弱い」は「약하다」。

❷ 嫌だ　싫다 [실타]

例）제가 싫다고 했는데 계속 연락이 와요.
（私が嫌だと言ったんですが、ずっと連絡が来ます。）

❷ まったく一緒だ　똑같다 [똑깓따]

例）우리 가족은 좋아하는 게 똑같아요.
（うちの家族は好きなものがまったく一緒です。）

❷ 適切だ　알맞다

例）빈 칸에 알맞은 말을 쓰십시오.
（空欄に適切な言葉をお書きください。）

❷ ハンサムだ　잘생기다

例）이렇게 잘생긴 오빠가 있었어요?
（こんなにハンサムなお兄さんがいたんですか？）

❷ 不細工だ　못생기다 [몯쌩기다]

例）우리 집 개는 못생겼지만 너무 귀여워요.
（うちの犬は不細工だけど、とてもかわいいです。）

❷ 晴れる　맑다 [막따]

例）내일은 맑고 기온이 높겠습니다.
（明日は晴れて気温が高いでしょう。）

❷ 曇る　흐리다

例）이번 주말에는 흐리고 비가 온대요.
（今週末は曇って雨が降るそうです。）

23 形容詞 (3) 〈ㄹ/르不規則活用〉

🎧 105

- ❶ 長い　　　길다

  例) 만리장성은 정말 기네요.
  （万里の長城は本当に長いですね。）＊「短い」は「짧다」。

- ❶ 遠い　　　멀다

  例) 집에서 회사까지 멀어요.
  （家から会社まで遠いです。）＊「近い」は「가깝다」。

- ❶ 異なる　　다르다

  例) 보기하고 다르네요.
  （見た目と異なりますね。）＊「同じだ」は「같다」。

- ❷ 大変だ　　힘들다

  例) 요즘 좀 힘든 일이 있었어요.
  （最近ちょっと大変なことがありました。）

- ❷ 甘い　　　달다

  例) 저는 달게 먹는 편이에요.
  （私は甘くして食べるほうです。）

- ❷ 速い　　　빠르다

  例) 한국의 버스는 정말 그렇게 빨라요?
  （韓国のバスは本当にそんなに速いですか？）＊「遅い」は「늦다」。

23 形容詞

(4)
〈으不規則活用〉

□ ❶ **忙しい** 　　　　바쁘다

例) 내일도 바빠요?
(明日も忙しいですか？) ＊「暇だ」は「한가하다」。

□ ❶ **大きい** 　　　　크다

例) 제가 누나보다 키가 커요.
(私が姉より背が大きいです。) ＊「小さい」は「작다」。

□ ❶ **悪い** 　　　　나쁘다

例) 값은 싸지만 질이 나빠요.
(値段は安いですが質が悪いです。) ＊「良い」は「좋다」。

□ ❶ **痛い** 　　　　아프다

例) 어제 이가 아파서 치과에 갔어요.
(昨日歯が痛くて歯科に行きました。)

□ ❶ **悲しい** 　　　　슬프다

例) 이 노래 가사는 너무 슬퍼요.
(この歌の歌詞はとても悲しいです。) ＊「嬉しい」は「기쁘다」。

□ ❶ **きれいだ** 　　　　예쁘다

例) 우리 여동생은 정말 예뻐요.
(うちの妹は本当にきれいです。) ＊「かわいい」の意味も含む。

□ ❶ **お腹が空く** 　　　　배고프다

例) 점심을 못 먹어서 배고파요. (お昼を食べられなかったのでお腹が空きました。) ＊「お腹がいっぱいだ」は「배부르다」。

23 形容詞

(5) 〈ㅂ不規則活用〉①

☐ ❶	易しい	쉽다 [쉽따]

例) 이 문제는 쉽습니다.
（この問題は易しいです。） ＊「簡単だ」は「간단하다」。

☐ ❶	難しい	어렵다

例) 수학은 어렵지만 재미있습니다.
（数学は難しいですが面白いです。）

☐ ❶	軽い	가볍다

例) 오늘은 짐이 가볍네요.
（今日は荷物が軽いですね。）

☐ ❶	重い	무겁다

例) 이 노트북은 전혀 무겁지 않아요.
（このノートパソコンはまったく重くありません。）

☐ ❶	近い	가깝다

例) 공원이 가깝지만 자주 안 가요.
（公園が近いですが、あまり行きません。） ＊「遠い」は「멀다」。

☐ ❶	寒い	춥다

例) 올 겨울은 특히 춥습니다.
（今年の冬は特に寒いです。）

☐ ❶	暑い	덥다

例) 한국도 구월은 덥습니까?
（韓国も9月は暑いですか？）

- ❷ **かわいい** 　　　　**귀엽다**

  例）어렸을 때는 참 귀여웠어요.
  （小さい時はとてもかわいかったです。）

- ❷ **美しい** 　　　　**아름답다**

  例）한복은 정말 아름답습니다.
  （韓服は本当に美しいです。）

- ❷ **新しい** 　　　　**새롭다**

  例）새로운 제품이 나와서 한번 써 보고 싶어요.
  （新しい製品が出たので一度使ってみたいです。）

- ❷ **ありがたい** 　　　　**고맙다**

  例）지난번에는 고마웠어요.
  （前回はありがとうございました。）

- ❷ **うらやましい** 　　　　**부럽다**

  例）내년에 유학가요? 부러워요.
  （来年留学するんですか？ うらやましいです。）

- ❷ **熱い** 　　　　**뜨겁다**

  例）뜨거우니까 조심해서 드세요.
  （熱いから気をつけて召し上がってください。）

- ❷ **味が薄い** 　　　　**싱겁다**

  例）국이 저한테는 좀 싱거운데요.
  （スープが私には少し味が薄いんですが。）　＊「塩辛い」は「짜다」。

- ❷ **憎い** 　　　　**밉다**

  例）옛날에는 미웠는데 지금은 괜찮아요.
  （昔は憎かったんですが、今は大丈夫です。）

- ❷ **汚い** 　　　　**더럽다**

  例）부엌이 더러워서 청소를 했어요.（キッチンが汚いので掃除をしました。）　＊「きれいだ」は「깨끗하다」。

23 形容詞

23 形容詞 (5) 〈ㅂ不規則活用〉②

- □ ❷ 楽しい　　　　　즐겁다

  例) 오늘 즐거웠어요?
  （今日は楽しかったですか？）

- □ ❷ 暗い　　　　　　어둡다

  例) 비가 와서 밖이 좀 어두워요.
  （雨が降っていて外が少し暗いです。）＊「明るい」は「밝다」。

- □ ❷ 怖い　　　　　　무섭다

  例) 전 무서운 영화를 자주 봐요.
  （私は怖い映画をよく見ます。）

- □ ❷ うるさい　　　　시끄럽다

  例) 밖이 왜 이렇게 시끄러워요? （外がどうしてこんなにうるさいですか？）＊「静かだ」は「조용하다」。

- □ ❷ 辛い　　　　　　맵다

  例) 전에는 매운 음식을 못 먹었어요.
  （前は辛い料理が食べられませんでした。）

- □ ❷ 冷たい　　　　　차갑다

  例) 이건 차갑게 해서 드세요. （これは冷たくして召し上がってください。）＊「熱い」は「뜨겁다」。

- □ ❷ 厚い　　　　　　두껍다

  例) 이렇게 두꺼운 책은 읽기 싫어요.
  （こんなに厚い本は読みたくないです。）＊「薄い」は「얇다」。

23 形容詞

🎧 109

(6) 〈ㅎ不規則活用〉

□ ❷ そうだ　　　　　　　그렇다　[그러타]

例) 그땐 좀 그랬어요. (あの時はちょっとそうでしたね。)
＊「こうだ」は「이렇다」、「ああだ」は「저렇다」。

□ ❷ どうだ　　　　　　　어떻다　[어떠타]

例) 그 책 읽어 보니까 어땠어요?
（その本、読んでみてどうでしたか？）

□ ❷ 赤い　　　　　　　　빨갛다　[빨가타]

例) 중요한 부분은 빨간 펜으로 쓰세요.
（重要な部分は赤いペンで書いてください。）

□ ❷ 黄色い　　　　　　　노랗다　[노라타]

例) 노란 장미의 꽃말은 질투래요.
（黄色いバラの花言葉は嫉妬だそうです。）

□ ❷ 青い　　　　　　　　파랗다　[파라타]

例) 저는 파란색을 좋아해서 이불도 파란색이에요.
（私は青色が好きで、布団も青色です。）

□ ❷ 白い　　　　　　　　하얗다　[하야타]

例) 하얀색이 훨씬 깨끗해 보여요.
（白いほうがずっときれいに見えます。）

□ ❷ 黒い　　　　　　　　까맣다　[까마타]

例) 강아지의 까만 눈이 너무 귀여워요.
（子犬の黒い目がとてもかわいいです。）

23 形容詞

(7) 〈-하다〉形容詞①

□ ❶ 暖かい　　　　　따뜻하다　[따뜨타다]

例) 요즘은 꽤 따뜻하네요.
（最近はかなり暖かいですね。）

□ ❶ 涼しい　　　　　시원하다　[시워나다]

例) 바람이 시원해서 기분이 좋아요.
（風が涼しくて気持ちいいです。）

□ ❶ すごい　　　　　대단하다　[대다나다]

例) 그 대회에서 우승했어요? 대단해요.
（その大会で優勝したんですか？ すごいです。）

□ ❶ すまない　　　　미안하다

例) 늦어서 미안합니다.（遅れてすみません。）
＊より丁寧な表現は「죄송하다（申し訳ない）」。

□ ❶ 暇だ　　　　　　한가하다

例) 이번 주는 좀 한가해요.
（今週はちょっと暇です。）＊「忙しい」は「바쁘다」。

□ ❶ 楽だ　　　　　　편하다

例) 그 신발 편해요?
（その靴楽ですか？）

□ ❶ 便利だ　　　　　편리하다　[펼리하다]

例) 교통이 참 편리하네요.
（交通がとても便利ですね。）＊「不便だ」は「불편하다」。

□ ❶ 簡単だ　　　　　　　간단하다

例）수속은 생각보다 간단했어요.
（手続きは思ったより簡単でした。）＊「複雑だ」は「복잡하다」。

□ ❶ 静かだ　　　　　　　조용하다

例）우리 동네는 주택가라서 조용해요.（うちの近所は住宅街なので静かです。）＊「うるさい」は「시끄럽다」。

□ ❶ 有名だ　　　　　　　유명하다

例）부산은 회가 유명해요.
（釜山は刺身が有名です。）

□ ❶ 親切だ　　　　　　　친절하다

例）일본의 종업원은 친절하네요.
（日本の従業員は親切ですね。）

□ ❶ 似ている　　　　　　비슷하다　[비스타다]

例）얼굴은 비슷하지만 성격은 달라요.
（顔は似ていますが、性格は違います。）

□ ❷ スタイルがいい　　　날씬하다

例）지금도 날씬한데 다이어트 하세요?（今もスタイルいいのにダイエットしていますか？）＊「太っている」は「뚱뚱하다」。

□ ❷ 健康だ　　　　　　　건강하다

例）가족 분들은 건강하세요?
（ご家族はお元気ですか？）

□ ❷ 几帳面だ　　　　　　꼼꼼하다

例）성격이 너무 꼼꼼하면 피곤해요.
（性格があまりにも几帳面だと疲れます。）

□ ❷ 急ぐ　　　　　　　　급하다　[그파다]

例）지금 좀 급한데 먼저 복사해도 될까요?（今ちょっと急いでいるんですが、先にコピーをしてもいいですか？）

23 形容詞

(7) 〈-하다〉形容詞②

□ ❷ 親しい　　　　　　친하다

例) 제일 친한 친구가 외국에 살아요.
（一番親しい友達が外国に住んでいます。）

□ ❷ ひどい　　　　　　심하다

例) 기침이 너무 심해요.
（咳がとてもひどいです。）

□ ❷ 名残惜しい　　　　섭섭하다　[섭써파다]

例) 이렇게 헤어지는 건 좀 섭섭하네요.
（こうやってお別れするのは少し名残惜しいですね。）

□ ❷ 善良だ　　　　　　착하다　[차카다]

例) 예전에는 착한 사람이었는데 변했어요.（昔は善良な人でしたが変わりました。）＊「優しい」は「상냥하다」。

□ ❷ 変だ　　　　　　　이상하다

例) 역 앞에서 이상한 사람을 봤어요.
（駅の前で変な人を見ました。）

□ ❷ 誠実だ　　　　　　성실하다

例) 그 사람은 성실하지만 재미가 없어요.（その人は誠実ですが、面白くないです。）＊「勤勉だ」は「부지런하다」。

□ ❷ 活発だ　　　　　　활발하다

例) 우리 반 학생들은 모두 활발한 편이에요.
（うちのクラスの学生はみんな活発なほうです。）

□ ❷ きれいだ 깨끗하다 [깨끄타다]

例） 집이 정말 깨끗하네요.
（家が本当にきれいですね。） ＊「깨끗하다」は「清潔さ」を指す。

□ ❷ 安全だ 안전하다

例） 지진이 나면 어디가 제일 안전해요?
（地震が起きたらどこが一番安全ですか？）

□ ❷ 危険だ 위험하다

例） 위험하니까 밤 늦게 나가지 마세요.
（危ないので夜遅く出かけないでください。）

□ ❷ 複雑だ 복잡하다 [복짜파다]

例） 이건 아주 복잡한 문제군요.
（これはとても複雑な問題ですね。）

□ ❷ 重要だ 중요하다

例） 내일 중요한 일이 있어서 못 올 것 같아요.
（明日重要な仕事があって来られそうにありません。）

□ ❷ 唯一だ 유일하다

例） 저의 유일한 취미는 독서예요.
（私の唯一の趣味は読書です。）

□ ❷ ロマンチックだ 로맨틱하다

例） 한국 드라마는 로맨틱한 장면이 많은 것 같아요.
（韓国のドラマはロマンチックな場面が多いようです。）

□ ❷ 疲れる 피곤하다

例） 어제는 너무 피곤해서 하루종일 잤어요.
（昨日はとても疲れて一日中寝ていました。）

□ ❷ 太っている 뚱뚱하다

例） 너무 뚱뚱하면 건강에 안 좋아요. （太りすぎると健康に良くないです。） ＊「スタイルがいい」は「날씬하다」。

24 副詞

(1) 頻度

□ ❶ よく — 잘

例) 한국 친구가 낫토를 잘 먹어요.
（韓国の友達が納豆をよく食べます。）

□ ❶ しょっちゅう — 자주

例) 한국 식당에 자주 가요.
（韓国食堂にしょっちゅう行きます。）

□ ❶ 主に — 주로

例) 일요일은 주로 뭐 하세요?
（日曜日は主に何をなさいますか？）

□ ❶ たいがい — 대개

例) 친구를 만나면 대개 노래방에 가요.
（友達に会うと、たいがいカラオケに行きます。）

□ ❶ 普通 — 보통

例) 회사가 끝나면 보통 운동하러 가요.
（会社が終わったら普通運動しに行きます。）

□ ❶ たまに — 가끔

例) 피곤하면 가끔 마사지를 받아요.
（疲れたらたまにマッサージをしてもらいます。）

□ ❶ まったく — 전혀 [저녀]

例) 저는 패션에 전혀 관심이 없어요.
（私はファッションにまったく興味がありません。）

- ❷ ずっと　늘

例）할머니, 늘 건강하세요.
（おばあさん、ずっと健康でいてください。）

- ❷ いつも　언제나

例）저 사람은 언제나 씩씩해요.
（あの人はいつもりりしいです。）

- ❷ 常に　항상

例）저는 밥 먹을 때 항상 김치하고 같이 먹어요.
（私はご飯を食べる時、常にキムチと一緒に食べます。）

- ❷ ほとんど　거의 [거이]

例）회식에 갔는데 거의 모르는 사람들이었어요.
（会食に行ったら、ほとんど知らない人でした。）

- ❷ ときどき　종종

例）종종 교외로 놀러 가기도 해요.
（ときどき郊外に遊びに行ったりもします。）

- ❷ 一度も　한 번도

例）아직 한 번도 외국에 간 적이 없어요.
（まだ一度も外国に行ったことがありません。）

- ❷ 絶対　절대 [절때]

例）저는 절대 선을 안 볼 거예요.
（私は絶対お見合いはしません。）

24
副詞

副詞 (2) 時間

□ ❶ まだ　　　　　　　아직

例) 한국말은 아직 잘 못해요.
（韓国語はまだよくできません。）

□ ❶ すでに　　　　　　벌써

例) 벌써 수업이 끝났어요?
（すでに授業が終わりましたか？）

□ ❶ 早く　　　　　　　일찍

例) 아침 일찍 일어나세요?
（朝早く起きますか？）

□ ❶ 遅く　　　　　　　늦게

例) 밤 늦게까지 일해서 피곤해요.
（夜遅くまで働いたので疲れました。）

□ ❶ まず　　　　　　　우선

例) 우선 맥주만 주세요.
（まずビールだけください。）

□ ❶ ただちに　　　　　바로

例) 지금 바로 출발하면 돼요?
（今ただちに出発すればいいですか？）

□ ❶ 後で　　　　　　　이따가

例) 이따가 또 봐요. （後でまた会いましょう。） ＊「이따가」は当日中の比較的近いうちの後を指す。「今度」は「나중에」。

| ❶ | ずっと | 계속 |

例) 앞으로 계속 한국어를 공부하고 싶어요.
（これからずっと韓国語を勉強したいです。）

| ❷ | 長く | 오래 |

例) 저는 외국에서 오래 살았어요.
（私は外国で長く住んでいました。） ＊「오랫동안」とも言う。

| ❷ | 少々 | 잠깐 |

例) 잠깐 기다리세요.
（少々お待ちください。） ＊「잠시」とも言う。

| ❷ | たった今 | 방금 |

例) 과장님은 방금 퇴근하셨는데요.
（課長はたった今退社したのですが。） ＊「さっき」は「아까」。

| ❷ | すぐ | 곧 |

例) 저도 곧 갈게요.
（私もすぐ行きます。） ＊類義語は「금방」。

| ❷ | もう | 이제 |

例) 이사가면 이제 자주 못 만나겠네요.
（引っ越したらもうあんまり会えませんね。）

| ❷ | 速く | 빨리 |

例) 늦었으니까 빨리 뛰세요.
（遅れているので速く走って下さい。） ＊「ゆっくり」は「천천히」。

| ❷ | 急に | 갑자기 [갑짜기] |

例) 어제 갑자기 비가 와서 옷이 흠뻑 젖었어요.
（昨日急に雨が降って服がびっしょり濡れました。）

| ❷ | 前もって | 미리 |

例) 미리 전화 주시면 제가 마중 나갈게요.
（前もって電話くだされば、私がお迎えに行きます。）

24
副詞

副詞

(3) 程度

- ① **あまりにも** — 너무

  例) 학교까지 너무 멀어서 힘들어요.
  （学校まであまりにも遠くて大変です。）

- ① **とても** — 아주

  例) 저 사람은 머리가 아주 좋아요.
  （あの人はとても頭がいいです。）

- ① **一番** — 제일

  例) 어느 나라에 제일 가고 싶어요?
  （どの国に一番行きたいですか？）＊類義語は「가장」。

- ① **たくさん** — 많이 [마니]

  例) 이 표현은 많이 써요?
  （この表現はたくさん使いますか？）

- ① **もっと** — 더

  例) 술 더 시킬까요?
  （お酒をもっと注文しましょうか？）

- ① **あまり** — 별로

  例) 지금은 별로 배가 안 고파요.
  （今はあまりお腹が空いていません。）

- ① **それほど** — 그다지

  例) 오늘은 그다지 바쁘지 않아요.
  （今日はそれほど忙しくないです。）

☐ **❶ 少し** 조금

例）저녁밥은 조금만 먹어요.
（夕飯は少しだけ食べます。）

☐ **❶ ちょっと** 좀

例）좀 크게 말해 주세요.
（ちょっと大きく言ってください。）

☐ **❶ すべて** 다

例）여기서 보면 도쿄가 다 보여요.
（ここから見ると東京がすべて見えます。） ＊「全部」は「전부」。

☐ **❶ みんな** 모두

例）친척들이 모두 집에 왔어요.
（親戚がみんなうちに来ました。）

☐ **❷ 大変** 대단히 ［대다니］

例）와 주셔서 대단히 감사합니다.
（お越しいただき大変感謝いたします。）

☐ **❷ 非常に** 매우

例）제주도는 매우 아름다운 곳입니다.
（済州島は非常に美しいところです。） ＊類義語は「참」。

☐ **❷ とても** 무척

例）어머니께서 무척 기뻐하셨습니다.
（母がとても喜んでいました。）

☐ **❷ かなり** 꽤

例）밤에는 꽤 쌀쌀하네요.
（夜はかなり肌寒いですね。）

☐ **❷ 若干** 약간

例）정장은 약간 불편한 것 같아요.
（スーツは若干不便だと思います。）

24
副詞

24 副詞

(4) その他

☐ ❶ 一緒に　　　**같이** [가치]

例) 영화라도 같이 보러 갈까요?
（映画でも一緒に見に行きましょうか？）＊類義語は「함께」。

☐ ❶ もう一度　　**다시**

例) 다시 한 번 말씀해 주세요.
（もう一度おっしゃってください。）

☐ ❷ 多分　　　　**아마**

例) 선생님은 아마 못 오실 거예요.
（先生は多分来られないでしょう。）

☐ ❷ 一生懸命　　**열심히** [열씨미]

例) 열심히 노력하는 모습이 가장 아름다워요.
（一生懸命努力する姿が一番美しいです。）

☐ ❷ 偶然　　　　**우연히** [우여니]

例) 길에서 우연히 옛날 친구를 만났어요.
（道で偶然昔の友達に会いました。）

☐ ❷ 特に　　　　**특히** [트키]

例) 배우 중에서 특히 누구를 좋아해요?
（俳優の中で特に誰が好きですか？）

☐ ❷ ぜひ　　　　**꼭**

例) 유명한 연극이니까 꼭 보러 가세요.
（有名な演劇なのでぜひ観に行ってください。）

☐ ❷ **必ず** 　　　　　　　**반드시**

例) 이번에는 반드시 합격할 거예요.
（今回は必ず合格するでしょう。）

☐ ❷ **もしかして** 　　　　**혹시**

例) 우리 혹시 어디서 만난 적 있어요?
（私たち、もしかしてどこかで会ったことありますか？）

☐ ❷ **ただ** 　　　　　　　**그냥**

例) 그냥 웃기만 했어요.
（ただ笑うだけでした。）

☐ ❷ **いよいよ** 　　　　　**드디어**

例) 내일이 드디어 호주로 떠나는 날이에요.
（明日がいよいよオーストラリアへ旅立つ日です。）

☐ ❷ **かえって** 　　　　　**오히려**

例) 친구가 늦게 왔는데 오히려 화를 냈어요.
（友達が遅れて来たのに、かえって怒られました。）

☐ ❷ **お互いに** 　　　　　**서로**

例) 인간은 서로 돕고 살아야 해요.
（人間はお互いに助け合って生きていくべきです。）

☐ ❷ **別々に** 　　　　　　**따로**

例) 여동생하고는 방을 따로 써요.
（妹とは部屋を別々に使います。）

☐ ❷ **新しく** 　　　　　　**새로**

例) 어제 새로 산 옷인데 벌써 더러워졌어요.
（昨日新しく買った服なのにもう汚れました。）

☐ ❷ **まっすぐ** 　　　　　**똑바로**

例) 이 길을 똑바로 가면 병원이 있어요.
（この道をまっすぐ行くと病院があります。）

25 接続詞

接続詞

- ❶ そして　　　　　　　　그리고
  例）내일은 쇼핑을 해요. 그리고 외식도 해요.
  （明日はショッピングをします。そして外食もします。）

- ❶ それで　　　　　　　　그래서
  例）늦게 일어났어요. 그래서 지각했어요.
  （遅く起きました。それで遅刻しました。）

- ❶ だから　　　　　　　　그러니까
  例）저는 술을 못 마셔요. 그러니까 주스 주세요.
  （私はお酒が飲めません。だからジュースをください。）

- ❶ ところで　　　　　　　그런데
  例）그런데 부장님은 어디 가셨어요?（ところで部長はどこにいらっしゃいましたか？）＊会話では主に縮約形の「근데」を使う。

- ❶ ところが　　　　　　　그러나
  例）그녀를 기다렸습니다. 그러나 그녀는 오지 않았습니다.
  （彼女を待ちました。ところが彼女は来ませんでした。）

- ❶ しかし　　　　　　　　하지만
  例）김치는 맵습니다. 하지만 맛있습니다.
  （キムチは辛いです。しかしおいしいです。）

- ❶ また　　　　　　　　　또
  例）지난달에 한국에 갔지만 또 가고 싶어요.
  （先月韓国に行きましたが、また行きたいです。）

❶ では　　　　　　　　그럼

例) 그럼 내일 봐요.
（では、明日会いましょう。）

❷ それでは　　　　　그러면

例) 그러면 다음에는 다른 곳에서 모일까요?
（それでは、次は他のところで集まりましょうか？）

❷ けれども　　　　　그렇지만　[그러치만]

例) 가방이 너무 비싸요. 그렇지만 질은 좋아요.
（カバンが高すぎます。けれども質はいいです。）

❷ なぜかと言うと　　왜냐하면

例) 삼계탕 먹을 거예요. 왜냐하면 복날이니까요.
（サムゲタンを食べるつもりです。なぜかと言うと伏日だからです。）

❷ それゆえ　　　　　그러므로

例) 일본은 섬나라입니다. 그러므로 해산물이 풍부합니다.
（日本は島国です。それゆえ海鮮が豊富です。）

❷ したがって　　　　따라서

例) 기름값이 올랐습니다. 따라서 교통비도 오를 것입니다.
（ガソリン代が上がりました。したがって交通費も上がるでしょう。）

❷ でも　　　　　　　그래도

例) 그래도 제가 많이 도와드렸잖아요.
（でも私がけっこうお手伝いしたじゃないですか。）

❷ もしくは　　　　　또는

例) 티켓 구입은 전화 또는 인터넷으로 가능합니다.
（チケットの購入は電話もしくはインターネットで可能です。）

❷ そうしたら　　　　그랬더니

例) 후배에게 선물을 보냈어요. 그랬더니 기뻐했어요.
（後輩にプレゼントを送りました。そうしたら喜んでいました。）

26 助詞

助詞

☐ ❶ －は　　　　　　　　은 / 는

例) 저는 회사원이고 남동생은 학생이에요. (私は会社員で、弟は学生です。) ＊パッチムがあれば「은」、なければ「는」。敬語は「께서는」。

☐ ❶ －が　　　　　　　　이 / 가

例) 물이 좋아요? 주스가 좋아요? (水がいいですか？ ジュースがいいですか？) ＊パッチムがあれば「이」、なければ「가」。敬語は「께서」。

☐ ❶ －を　　　　　　　　을 / 를

例) 저는 영화를 보지만 남편은 음악을 듣습니다. (私は映画を見ますが、主人は音楽を聴きます。) ＊パッチムがあれば「을」、なければ「를」。

☐ ❶ －と　　　　　　　　하고

例) 저하고 같이 갑시다. (私と一緒に行きましょう。)
　＊書き言葉では、パッチムがあれば「과」、なければ「와」を使う。

☐ ❶ －の　　　　　　　　의 ［에］

例) 한국의 수도는 서울입니다.
　（韓国の首都はソウルです。）

☐ ❶ －に　　　　　　　　에

例) 책은 여기에 있어요. (本はここにあります。)
　＊「에」は主に位置、時間、方向を表す名詞につける。

☐ ❶ －も　　　　　　　　도

例) 저도 동물원에 가고 싶어요.
　（私も動物園に行きたいです。）

□ ❶ −で　　　　　(으)로

例）집까지 자전거로 갈 수 있어요. （家まで自転車で行けます。）
＊「(으)로」は手段を表す意味以外に方向を表す「へ」の用法もある。

□ ❶ −（場所）で　　에서

例）어디에서 만날까요? （どこで会いましょうか？）
＊「에서」は始点を表す「（場所）から」の用法もある。

□ ❶ −（時間）から　　부터

例）내일 회의는 몇 시부터예요?
（明日の会議は何時からですか？）

□ ❶ −まで　　　　　까지

例）휴가는 내일까지예요.
（休暇は明日までです。）　＊「까지」は場所と時間の両方に使える。

□ ❶ −（人）に　　　　에게

例）친구에게 선물을 줬어요. （友達にプレゼントをあげました。）
＊「한테」とも言う。敬語は「께」。

□ ❶ −（人）から　　　에게(서)

例）영국 친구에게서 편지가 왔어요.
（イギリスの友達から手紙が来ました。）　＊「한테(서)」とも言う。

□ ❶ −だけ　　　　　만

例）이것만 끝나면 퇴근하세요.
（これだけ終われば退社してください。）

□ ❶ −より　　　　　보다

例）저는 고양이보다 개를 더 좋아해요.
（私は猫より犬がもっと好きです。）

□ ❶ −でも　　　　　(이)라도

例）다음에 술이라도 한잔합시다.
（今度お酒でも一杯飲みましょう。）

27 慣用的な表現

慣用的な表現

□ ❶ **すみません**　　**여기요**

例) 여기요, 김치 좀 더 주세요. (すみません、キムチお代わりください。) ＊主にお店で店員を呼ぶときに使う。「저기요」も使える。

□ ❶ **まだまだです**　　**아직 멀었어요**

例) 한국어는 아직 멀었어요.
（韓国語はまだまだです。）

□ ❶ **どうなられますか？**　　**어떻게 되세요?**

例) 성함이 어떻게 되세요? （お名前は何ですか？） ＊「어떻게 되세요?」は他に「나이」や「가족」などを聞くときも使える。

□ ❶ **あのですね**　　**있잖아요** ［읻짜나요］

例) 있잖아요, 핸드폰 좀 빌려 주시겠어요?
（あのですね、携帯を貸していただけますか？）

□ ❷ **どうしたんですか？**　　**웬일이에요?**

例) 연락도 없이 갑자기 웬일이에요?
（連絡もなしに急にどうしたんですか？）

□ ❷ **他でもなくて**　　**다름이 아니라**

例) 다름이 아니라 인사 드리려고 왔어요.
（他でもなくてご挨拶をさせていただこうと参りました。）

□ ❷ **大した物ではありませんが**　　**별 거 아니지만**

例) 이거 별 거 아니지만 받으세요.
（これ、大した物ではありませんが、受け取ってください。）

□ ❷ よかったですね　**다행이네요**

例) 많이 안 다쳐서 다행이네요. （大きな怪我ではなくてよかったですね。）＊「다행이네요」は「幸い」という意味を指す。

□ ❷ （〜ために）乾杯！　**위하여**

例) 우정을 위하여!
（友情のために乾杯！）＊「乾杯」を意味する「건배」も使える。

□ ❷ 例えば　**예를 들면**

例) 예를 들면 한국어의 어떤 점이 어려워요?
（例えば韓国語のどんなところが難しいですか？）

□ ❷ 理想が高い　**눈이 높다**

例) 제 여동생은 눈이 높아서 결혼하기 힘들어요.
（私の妹は理想が高くて結婚するのは難しいです。）

□ ❷ 口が堅い　**입이 무겁다**

例) 그 사람은 입이 무거우니까 괜찮아요. （あの人は口が堅いので大丈夫です。）＊「口が軽い」は「입이 가볍다」。

□ ❷ 気前がいい　**손이 크다**

例) 어머니는 손이 커서 음식을 많이 하는 편이에요.
（母は気前が良くて料理をたくさん作るほうです。）

□ ❷ 体つきが良い　**몸이 좋다**

例) 요즘 연예인들은 몸이 좋은 것 같아요.
（最近の芸能人は体つきが良いみたいです。）

□ ❷ 気に入る　**마음에 들다**

例) 그 레스토랑 분위기가 마음에 들었어요?
（そのレストランの雰囲気が気に入りましたか？）

□ ❷ 眠くなる　**잠이 오다**

例) 감기약을 먹으면 잠이 와요.
（風邪薬を飲むと眠くなります。）

28 擬声語・擬態語

擬声語・擬態語

□ ❶ **びっくり** 　　깜짝

例）호텔 레스토랑이 너무 비싸서 깜짝 놀랐어요.
（ホテルのレストランが高すぎてびっくりしました。）

□ ❷ **ハハハ** 　　하하하

例）이야기가 재미있어서 하하하 웃었습니다.
（話が面白くてハハハと笑いました。）

□ ❸ **わあわあ** 　　엉엉

例）아이가 엉엉 울었습니다.
（子供がわあわあ泣きました。）

□ ❹ **わんわん** 　　멍멍

例）강아지가 멍멍하고 짖어요.
（犬がわんわんと吠えます。）＊猫の鳴き声は「야옹」。

□ ❺ **ぐうぐう** 　　꼬르륵

例）배가 고파서 꼬르륵 소리가 났어요.
（お腹が空いてぐうぐうと音が鳴りました。）

□ ❻ **ずるずる** 　　후루룩

例）국물을 후루룩 마셨습니다.
（スープをずるずると飲みました。）

□ ❼ **ふつふつ** 　　보글보글

例）찌개가 보글보글 끓고 있어요.
（チゲがふつふつと沸いています。）

□ ❷ こんこん　　　똑똑

例) 반드시 똑똑 노크를 하십시오.
（必ずこんこんとノックしてください。）

□ ❷ チリリン　　　따르릉

例) 따르릉하고 전화벨이 울렸어요.
（チリリンと電話のベルが鳴りました。）

□ ❷ パチパチ　　　짝짝짝

例) 모두 짝짝짝 박수를 쳤습니다.
（みんなパチパチと拍手をしました。）

□ ❷ ゆっくり　　　푹

例) 피곤하지요? 오늘은 푹 쉬세요.
（疲れたでしょう？　今日はゆっくり休んでください。）

□ ❷ ざあざあ　　　주룩주룩

例) 밖에 비가 주룩주룩 와요.
（外で雨がざあざあ降っています。）

□ ❷ うっかり　　　깜빡

例) 지갑을 깜빡 잊고 안 가져왔어요.
（財布をうっかり忘れて持ってきていません。）

□ ❷ むしゃむしゃ　　　냠냠

例) 아이가 수박을 냠냠 먹고 있습니다.
（子供がスイカをむしゃむしゃ食べています。）

□ ❷ どきどき　　　두근두근

例) 첫 데이트라서 가슴이 두근두근해요.
（初デートなので胸がどきどきします。）

□ ❷ きらきら　　　반짝반짝

例) 밤 하늘에 별이 반짝반짝 빛나요.
（夜空に星がきらきら光っています。）

用言の活用の例を、不規則活用といっしょにいくつかまとめてみました。単語の例文を見ながらご参考ください。

◎用言（動詞・形容詞）の活用

- Ⅰグループ：語幹につける表現。つまり、語尾「다」をとってつける。

	-고	-지만	-네요	-는	-던	-겠네요
가다	가고	가지만	가네요	가는	가던	가겠네요
먹다	먹고	먹지만	먹네요	먹는	먹던	먹겠네요
살다	살고	살지만	사네요	사는	살던	살겠네요

- Ⅱグループ：語幹のパッチムの有無によって、「으」をつける。

	-(으)면	-(으)니까	-(으)ㄴ	-(으)세요	-(으)ㅂ시다	-(으)ㄹ래요
보다	보면	보니까	본	보세요	봅시다	볼래요
읽다	읽으면	읽으니까	읽은	읽으세요	읽읍시다	읽을래요
만들다	만들면	만드니까	만든	만드세요	만듭시다	만들래요

- Ⅲグループ：語幹の母音（ㅏ, ㅗの場合／以外の場合）によって、「아 / 어」をつける。

	-아/어요	-아/어서	-았/었어요	-아/어야 돼요	-아/어 보세요
오다	와요	와서	왔어요	와야 돼요	와 보세요
입다	입어요	입어서	입었어요	입어야 돼요	입어 보세요
하다	해요	해서	했어요	해야 돼요	해 보세요

◎不規則活用のまとめ

		－(으)면、－(으)세요 動詞の連体形：－(으)는/(으)ㄹ 形容詞の連体形：－(으)ㄴ	－아/어요、－았/었어요
ㅂ		ㅂ脱落して우がつく	ㅂ脱落して워がつく
	덥다	더우면、더우세요、더운	더워요、더웠어요
ㄷ		ㄷ→ㄹに変わって－으	ㄷ→ㄹに変わって－아/어
	걷다	걸으면、걸으세요、 걸은/걷는/걸을	걸어요、걸었어요
ㅅ		ㅅ脱落して－으	ㅅ脱落して－아/어
	짓다	지으면、지으세요、 지은/짓는/지을	지어요、지었어요
ㅎ		ㅎ脱落	ㅎ脱落して母音ㅐに
	그렇다	그러면、그러세요、그런	그래요、그랬어요
ㄹ		×	ㄹ添加、—脱落して直前 母音によって아/어
	자르다	자르면、자르세요、 자른/자르는/자를	잘라요、잘랐어요
ㅇ		×	—脱落直前母音で－아/어
	예쁘다	예쁘면、예쁘세요、예쁜	예뻐요、예뻤어요

日 韓 索 引

「*」は注釈の単語

〈英字〉		
CDプレーヤー	시디플레이어	105
Eメール	이메일	74
ＩＤ	아이디	75
Ｋ－ＰＯＰ	케이팝*	131
ＫＴＸ	케이티엑스	70
Ｔシャツ	티셔츠*	133

〈あ〉		
ああだ	저렇다*	215
愛	사랑	66
挨拶する	인사하다	204
アイスクリーム	아이스크림	94
愛する	사랑하다	197
間	동안	152
間	사이	49
会う	만나다	168
合う	맞다	186
青い	파랗다	215
青色	파란색	139
赤	빨간색	138
赤い	빨갛다	215
赤ちゃん	애기*	27
赤ちゃん	아기	27
明るい	밝다	208
秋	가을	120
アクセサリー	액세서리	137
明け方	새벽	158
開ける	열다	190
あげる	주다	170
朝	아침	158
浅い	얕다*	209
明後日	모레	159
脚	다리	113
足	발	114
味	맛	85
アジア	아시아	28
味が薄い	싱겁다	213
足首	발목	114
アシスタント	도우미	25
明日	내일	159

足の指	발가락	115
足の指の爪	발톱*	115
汗	땀	117
あそこ	저기	142
あそこ	저곳*	141
遊ぶ	놀다	190
暖かい	따뜻하다	216
頭	머리	112
新しい	새롭다	213
新しく	새로	227
あちら	저쪽*	141
あちらこちら	여기저기	142
あちらこちら	이쪽저쪽	143
厚い	두껍다	214
暑い	덥다	212
熱い	뜨겁다	213
集まり	모임	59
集まる	모이다	185
集める	모으다	192
後で	이따가	222
後で	나중에	50
後回しにする	미루다	182
アナウンサー	아나운서	22
あなた	당신	17
あなた	그대	17
兄	형 / 오빠	13
アニメーション	애니메이션	128
姉	누나 / 언니	13
あの	저	140
あの方	저 분*	141
あのですね	있잖아요	232
あの人	저 사람*	140
あのように	저렇게*	141
アヒル	오리	123
甘い	달다	210
あまり	별로	224
あまりにも	너무	224
飴	사탕	95
雨	비	120
アメリカ	미국	30

洗う	씻다	175	市場	시장	40	
（洗濯物を〜）洗う			一番	제일	224	
	빨다	191	一番目	첫째	51	
現れる	나타나다	186	いつ	언제	164	
ありがたい	고맙다	213	一週間	일주일	157	
ありがとうございます			一生懸命	열심히	226	
	고맙습니다	9	一緒に	같이	226	
ある／いる	있다	166	一緒に	함께*	226	
歩いていく	걸어가다	167	五つ	다섯	148	
歩いてくる	걸어오다	175	行ってらっしゃい			
歩く	걷다	193		다녀 오세요	8	
アルバイト	아르바이트	24	行ってくる	다녀오다	167	
あれ	저거	140	行ってくる	갔다 오다	167	
あれ	저것*	141	いつでも	언제든지	165	
あれこれ	이것저것	143	いつも	언제나	221	
あれを	저걸*	141	従兄弟	사촌	15	
安全だ	안전하다	219	田舎	시골	32	
あんな	저런*	141	稲妻	번개	121	
案内する	안내하다	198	犬	개*	122	
〈い〉			イベント	이벤트*	63	
いいえ	아뇨	10	今	지금	152	
言う	말하다	170	妹	여동생*	13	
行かれる	가시다	188	嫌だ	싫다	209	
イギリス	영국	30	イヤリング	귀걸이	136	
行く	가다	166	いよいよ	드디어	227	
胃薬	소화제	117	いらっしゃいませ			
いくら	얼마	164		어서 오세요	8	
いくらでも	얼마든지	165	いらっしゃる	계시다	188	
意見	의견	67	入れる	넣다	176	
居酒屋	술집	38	色	색	138	
医者	의사	24	色	색깔*	138	
椅子	의자	102	色鉛筆	색연필	83	
忙しい	바쁘다	211	仁寺洞	인사동	33	
急ぐ	급하다	217	飲食店	음식점	36	
痛い	아프다	211	インターネット			
いただきます	잘 먹겠습니다	9		인터넷	74	
炒める	볶다	180	仁川	인천	33	
イタリア	이탈리아	31	インフルエンザ			
位置	위치	49		독감	116	
一	일	144	**〈う〉**			
一月	일월	154	上	위	48	
いちご	딸기	92	ウェディングドレス			
一度も	한 번도	221		웨딩드레스	135	
一日	하루	159	ウォーキング	걷기	126	

〜ウォン	〜원	147
受かる	붙다	182
動く	움직이다	181
牛	소	122
牛テール	소꼬리	97
後ろ	뒤	48
薄い	얇다	208
歌	노래	128
打たれる	맞다	185
家	집	42
打つ	치다	173
うっかり	깜빡	235
美しい	아름답다	213
移す	옮기다	183
器	그릇	109
腕	팔	113
腕時計	손목시계	137
生まれる	태어나다	179
海	바다	118
うらやましい	부럽다	213
売る	팔다	191
うるさい	시끄럽다	214
嬉しい	기쁘다*	211
上履き	실내화	135
うん	응	11
運転	운전	58
運転手	운전사	25
運転する	운전하다	198
運転席	운전석	68
運動	운동	58
運動靴	운동화	134
運動場	운동장	45
運動する	운동하다	197
運動選手	운동선수*	22

〈え〉

絵	그림	129
エアコン	에어컨	104
エアロビクス	에어로빅	124
映画	영화	130
映画館	영화관	37
映画鑑賞	영화 감상*	128
映画俳優	영화배우	22
営業	영업	52
英語	영어	80

描く	그리다	181
選ぶ	고르다	195
演劇	연극	129
遠足	소풍	62
鉛筆	연필	82

〈お〉

お会いできて嬉しいです		
	만나서 반갑습니다	8
甥／姪	조카	15
おいしい	맛있다	206
応援	응원	67
横断歩道	횡단보도	69
終える	끝내다	183
多い	많다	206
大型スーパー	마트	36
大きい	크다	211
大久保	오쿠보	35
大阪	오사카	34
オーストラリア		
	호주	31
オートバイ	오토바이	71
丘	언덕	119
お菓子	과자	94
(伝統の) お菓子		
	한과	65
おかず	반찬	88
お金	돈	60
お粥	죽	87
沖縄	오키나와	35
お気に入り	즐겨찾기	75
お客	손님	19
起きる	일어나다	160
億	억	145
置く	놓다	176
置く	두다	176
送る	보내다	171
遅れる	늦다	172
お元気でしたか		
	잘 지내셨어요?	8
怒られる	혼나다	185
怒る	화내다	178
おごる	한턱내다	187
お酒	술	90
幼い	어리다	208

伯父（父の兄）	큰아버지	14
叔父（父の弟）	작은아버지	14
教える	가르치다	170
おじさん	아저씨	19
叔父の妻	작은어머니	14
伯父の妻	큰어머니	14
おしゃべり	수다	59
お嬢さん	아가씨	19
お酢	식초	100
押す	누르다	195
遅い	느리다	208
お雑煮	떡국	65
遅く	늦게	222
お台場	오다이바	35
お互いに	서로	227
お茶	차	90
落ちる	떨어지다	182
お疲れ様でした		
	수고 하셨습니다	9
おっしゃる	말씀하시다	189
夫	남편	12
夫の妹	아가씨	15
おつまみ	안주	85
お手伝いさん	도우미*	25
おでん	오뎅	89
弟	남동생*	13
男	남자	26
お年玉	세뱃돈	64
おととい	그저께	159
おととい	그제*	159
一昨年	재작년*	152
大人	어른	26
踊り	춤	131
踊る	추다	181
驚く	놀라다	172
お腹	배	113
お腹がいっぱいだ		
	배부르다*	211
お腹が空く	배고프다	211
同じだ	같다	207
お願いする	부탁하다	199
お墓参り	성묘	65
おばさん	아줌마*	19
おばさん	아주머니	19

お風呂に入る	목욕하다	204
お弁当	도시락	85
おめでとうございます		
	축하해요	9
お目にかかる	뵙다	189
重い	무겁다	212
思う	생각하다*	200
面白い	재미있다	206
お餅	떡	94
（お盆の時の）お餅		
	송편	65
お持ちだ	있으시다	188
おもちゃ	장난감	106
主に	주로	220
おやすみなさい		
	안녕히 주무세요	9
お休みになる	주무시다	189
おやつ	간식	94
オランダ	네덜란드	31
下りていく	내려가다	174
下りてくる	내려오다	174
降りる	내리다	168
オリンピック	올림픽	127
オレンジ	오렌지	92
オレンジ色	주황색	138
お笑い芸人	개그맨	22
終わり	끝	50
終わる	끝나다	183
音楽	음악	130
音楽家	음악가	23
音楽鑑賞	음악 감상	128
音声メッセージ		
	음성 메시지	73
温泉	온천	46
温度	온도	121
女	여자	26
	〈か〉	
～が	～이 / 가	230
～が〈敬語〉	～께서*	230
カーディガン	가디건	133
カーテン	커튼	107
～回	～회	147
～回	～번	150
～階	～층	147

会員登録	회원 가입	75
海外	해외	28
海外旅行	해외여행	129
会館	회관	40
会議	회의	52
外国	외국	28
外国語	외국어	80
外国人	외국인	27
会社	회사	45
会社員	회사원	21
外出	외출	56
外出する	외출하다	198
会食	회식	53
外食	외식	56
外食する	외식하다	199
海鮮丼	회덮밥	87
海鮮ナベ	해물탕	87
開天節	개천절	161
会話	대화	59
飼う	기르다	195
買う	사다	168
かえって	오히려	227
帰ってくる	돌아오다	167
帰る	돌아가다	166
変える	바꾸다	171
顔	얼굴	112
顔を洗う	세수하다	204
画家	화가	23
科学	과학	81
鏡	거울	109
（時間が）かかる		
	걸리다	173
柿	감	93
鍵	열쇠	111
かき混ぜる	젓다	194
書く	쓰다	192
家具	가구	103
隔週	격주	157
学生	학생	20
学生証	학생증	77
学生食堂	학생 식당	45
確認する	확인하다	205
額縁	액자	106
～ヶ月	～개월	146

駆けっこ	달리기*	184
（電話を）かける		
	걸다	190
（布類を）かける		
	덮다	185
過去	과거	153
傘	우산	110
加湿器	가습기	105
歌手	가수	22
ガスレンジ	가스레인지	105
風	바람	118
風邪	감기	116
稼ぐ	벌다	191
数える	세다	173
家族	가족	12
肩	어깨	113
～方	～분	26
（お肉が）硬い	질기다	187
片付け	정리	57
片付ける	치우다	173
片道	편도	68
カチューシャ	머리띠	136
課長	과장님	18
学期	학기	77
楽器	악기	128
学校	학교	44
格好いい	멋있다	206
カッター	칼	83
勝つ	이기다	178
活発だ	활발하다	218
悲しい	슬프다	211
カナダ	캐나다	31
必ず	반드시	227
かなり	꽤	225
彼女	그녀	17
カバン	가방	110
画鋲	압정	83
花瓶	꽃병	107
カフェ	카페	36
花粉症	꽃가루 알레르기	117
かぼちゃ	호박	99
紙	종이	82
雷	천둥	121
髪の毛	머리카락	115

かむ	씹다	180
ガム	껌	95
カメラ	카메라	104
科目	과목	81
鴨肉	오리고기	96
歌謡	가요	131
通う	다니다	170
火曜日	화요일	156
～（時間）から	～부터	231
～（人）から	～한테(서)*	231
～（人）から	～에게(서)	231
辛い	맵다	214
漢江	한강	47
カラオケ	노래방	38
体	몸	112
体つきが良い	몸이 좋다	233
借りる	빌리다	173
軽い	가볍다	212
カルビ	갈비	86
カルビタン	갈비탕	87
彼	그	17
カレンダー	달력	106
川	강	118
かわいい	귀엽다	213
渇く	마르다	195
皮靴	구두	134
変わる	바뀌다	183
変わる	변하다	201
韓牛	한우	97
眼科	안과*	39
考え	생각	67
考える	생각하다	200
環境	환경	119
歓迎会	환영회	63
歓迎する	환영하다	203
観光する	관광하다	202
観光地	관광지	46
韓国	한국	30
韓国語	한국어	80
韓国語	한국말*	80
韓国人	한국 사람	27
韓国相撲	씨름	125
韓国料理	한식	85
看護師	간호사	24

感じ	느낌	66
漢字	한자	80
元日	신정	64
感情	감정	66
感じる	느끼다	184
関心	관심	66
簡単だ	간단하다	217
韓定食	한정식	85
感動	감동	66
監督	감독	22
江南	강남	33
乾杯	건배*	233
（～ために）乾杯！		
	위하여	233
韓服	한복	135
漢文	한문*	80
韓流	한류	131
韓流グッズ	한류 상품	131
	〈き〉	
木	나무	122
聞いてあげる	들어주다*	176
聞いてくれる	들어주다	176
黄色	노란색	138
黄色い	노랗다	215
キーワード	키워드	74
キウィ	키위	93
記憶する	기억하다	200
着替える	갈아입다	175
聞く	듣다	193
危険だ	위험하다	219
聞こえる	들리다	176
記者	기자	23
傷	상처	117
季節	계절	121
ギター	기타	128
期待する	기대하다	201
北側	북쪽*	49
汚い	더럽다	213
几帳面だ	꼼꼼하다	217
切手	우표	72
切符	표	69
着ていく	입고 가다	169
機内食	기내식	61
気に入る	마음에 들다	233

昨日	어제	159
気前がいい	손이 크다	233
決まる	정해지다*	202
君	너	17
君たち	너희	17
君の	네	17
キムチ	김치	88
決める	정하다	202
気持ち	기분	66
着物	기모노	135
キャラメル	캐러멜	95
キャンディ	캔디*	95
九	구	145
休暇	휴가	53
休日	휴일	160
九州	규슈	34
九十	아흔*	149
急に	갑자기	223
牛肉	쇠고기	96
牛乳	우유	90
キュウリ	오이	98
給料	급료	55
旧暦	음력	153
旧暦のお正月	구정*	64
旧暦のお盆	추석	65
今日	오늘	159
教会	교회	41
教科書	교과서	80
競技	경기	127
競技場	경기장	47
餃子	만두	89
教師	교사	21
行事	행사	63
教室	교실	44
教授	교수	21
兄弟	형제	13
京都	교토	35
去年	작년	152
きらきら	반짝반짝	235
切る	자르다	195
着る	입다	169
きれいだ	예쁘다	211
きれいだ	깨끗하다	219
キログラム	킬로그램	147

気をつける	조심하다	201
禁煙	금연	58
銀行	은행	37
銀行員	은행원	24
銀座	긴자	35
近所	근처	42
緊張	긴장	67
緊張する	긴장하다	182
勤勉だ	부지런하다*	218
勤務	근무	52
金曜日	금요일	156

〈く〉		
空気	공기	119
ぐうぐう	꼬르륵	234
グーグル	구글*	74
偶然	우연히	226
9月	구월	155
草	풀	123
くしゃみ	재채기	116
薬	약	116
くださる	주시다	188
果物	과일	92
口	입	112
口が堅い	입이 무겁다	233
口が軽い	입이 가볍다*	233
靴	신발	134
クッキー	쿠키	94
靴下	양말	136
靴箱	신발장	103
国	나라	30
首	목	113
熊本	구마모토	35
雲	구름	119
曇る	흐리다	209
暗い	어둡다	214
クリーニング店		
	세탁소	39
クリスマス	크리스마스	161
クリック	클릭	75
来る	오다	166
車	차	70
グレー	회색	139
クレジットカード		
	신용카드	111

くれる	주다*	170	けんかする	싸우다	178
黒	까만색	138	現金	현금	111
黒	검은색*	138	健康だ	건강하다	217
黒い	까맣다	215	現在	현재	152
クローゼット	수납장	103	検索	검색	74
軍人	군인	25	検事	검사	25
			見物する	구경하다	198

〈け〉

経営	경영	53	〈こ〉		
蛍光ペン	형광펜	83	～個	～개	150
経済	경제	81	五	오	144
警察官	경찰관	25	～後	～후	51
警察署	경찰서	39	子犬	강아지	122
計算する	계산하다	205	恋人	애인	18
慶州	경주	33	コイン	동전	61
携帯電話	핸드폰	72	公園	공원	41
携帯電話	휴대폰*	72	公演	공연	131
景福宮	경복궁	47	合格	합격	77
経理	경리	53	航空券	항공권	61
ケーキ	케이크	94	高校	고등학교	44
ゲーム	게임	129	高校生	고등학생	20
外科	외과*	39	黄砂	황사	121
けがする	다치다	185	講師	강사	21
劇場	극장	37	高速バス	고속버스	71
消しゴム	지우개	83	こうだ	이렇다*	215
ケジャン	게장	89	紅茶	홍차	91
下宿	하숙집	42	交通カード	교통 카드	69
下旬	하순*	51	交通費	교통비	68
化粧	화장	56	行動	행동	58
化粧する	화장하다	198	公務員	공무원	21
化粧台	화장대	103	声	목소리	115
化粧品	화장품	108	超える	넘다	182
消す	끄다	192	コート	코트	133
ケチャップ	케첩	101	コーヒー	커피	90
血液型	혈액형	115	コーヒーショップ		
月給	월급	55		커피숍*	36
けっこうです	됐어요	11	コーラ	콜라	90
結婚記念日	결혼기념일	160	語学研修	어학연수*	77
結婚式	결혼식	62	5月	오월	154
結婚する	결혼하다	197	故郷	고향	32
欠席する	결석하다	203	国語	국어	81
決定する	결정하다	202	国際	국제	28
月曜日	월요일	156	国際郵便	국제우편	73
けれども	그렇지만	229	国内	국내	32
けんか	싸움	59	ここ	이곳	141

ここ	여기	142
午後	오후	158
九つ	아홉	149
心	마음	67
腰	허리	113
五十	쉰	149
コショウ	후추	100
小正月	정월대보름	65
午前	오전	158
ご存知だ	아시다	189
答え	대답	76
答える	대답하다	200
コチュジャン	고추장	101
こちら	이쪽	141
小包	소포	72
コップ	컵	108
今年	올해	153
異なる	다르다	210
言葉	말*	79
子供	어린이*	26
子供	아이	26
子供の日	어린이날	160
この	이	140
この方	이 분	141
このとき	이때	142
この中で	이 중에서	142
この人	이 사람	140
このように	이렇게	141
ご飯	밥	86
ゴマ	깨	101
ゴマ油	참기름	100
ゴマ塩	깨소금	101
ゴミ箱	휴지통	106
ゴミ箱	쓰레기통*	106
来られる	오시다	188
ご覧になる	보시다	189
ゴルフ	골프	125
ゴルフウェア	골프웨어	135
これ	이거	140
これ	이것	141
これが	이게	141
これは	이건	141
これを	이걸	141
転ぶ	넘어지다	184

怖い	무섭다	214
紺色	남색	139
今回	이번	143
今月	이번 달	155
こんこん	똑똑	235
コンサート	콘서트	130
今週	이번 주	157
献立	식단	85
こんな	이런	141
こんにちは	안녕하세요?	8
今年	금년*	153
コンビニ	편의점	36
婚約式	약혼식	63
婚約者	약혼자	19

〈さ〉		
さあ…	글쎄요…	10
ざあざあ	주룩주룩	235
サービス	서비스	52
～歳	～살	150
最近	요즘	152
最後	마지막	51
祭祀	차례	64
埼玉	사이타마	34
サイト	사이트	74
在日韓国人	재일 교포	27
財布	지갑	110
サイン	사인	130
サイン会	사인회*	130
探す	찾다	177
魚	생선	89
先に	먼저	50
咲く	피다	100
作品	작품	129
作文	작문	79
昨夜	어젯밤*	159
桜	벚꽃	123
差し上げる	드리다	188
座敷テーブル	상	103
刺身	회	86
さすが	역시	11
～冊	～권	151
撮影する	촬영하다	203
作家	작가	23
サッカー	축구	124

さっき	아까*	223
雑誌	잡지	110
雑談	잡담	59
さつまいも	고구마	99
砂糖	설탕	100
寒い	춥다	212
サムルノリ	사물놀이	65
さようなら	안녕히 가세요 / 계세요	9
皿	접시	109
皿洗い	설거지	57
皿洗いをする	설거지하다	204
再来月	다다음 달*	155
再来週	다다음 주*	157
再来年	내후년*	153
サラダ油	식용유	100
騒ぐ	떠들다	185
触る	만지다	185
～さん	～씨	26
三	삼	144
参加する	참석하다	203
3月	삼월	154
サングラス	선글라스	137
参鶏湯	삼계탕	87
三十	서른	149
三十	삼십*	145
サンチュ	상추	98
サンドイッチ	샌드위치	89
三番目	셋째*	51
三百	삼백*	145
散歩	산책	58
酸味	신맛*	208

〈し〉

時	시	150
幸せ	행복	67
ジーンズ	청바지	132
自営業者	자영업자	24
済州島	제주도	33
塩	소금	100
塩辛い	짜다	208
歯科	치과	39
しかし	하지만	228
4月	사월	154
～時間	～시간	150
時間割	시간표	77

時給	시급*	55
事業	사업	52
試験	시험	76
仕事	일	52
仕事する	일하다	196
辞書	사전	82
師匠の日	스승의 날	161
地震	지진	121
静岡	시즈오카	34
静かだ	조용하다	217
自然	자연	119
下	밑	48
下	아래*	48
したがって	따라서	229
下着	속옷	132
親しい	친하다	218
下の兄弟	동생	13
七	칠	145
7月	칠월	154
市庁	시청	41
実業家	사업가	25
湿気	습기	121
質問	질문	76
質問する	질문하다	200
自転車	자전거	71
児童公園	놀이터	43
市内	시내	32
死ぬ	죽다	172
始発	첫차*	51
耳鼻科	이비인후과*	39
自分	자기	17
事務	사무	53
事務室	사무실	45
事務職	사무직	21
締める	매다	187
閉める	닫다	171
地面	땅	119
ジャージ	추리닝	135
ジャージャー麺		
	짜장면	89
シャープペンシル		
	샤프	83
社員旅行	사원여행	53
社会	사회	81

じゃがいも	감자	99	首都	수도	32
釈迦誕生日	석가탄신일	161	主婦	주부	25
ジャケット	재킷	133	趣味	취미	129
写真	사진	60	～種類	～가지	151
写真機	사진기*	104	順序	순서	51
社長	사장님	19	順序	차례*	51
シャツ	셔츠	133	準備する	준비하다	202
若干	약간	225	紹介する	소개하다	204
社内	사내	45	小学生	초등학생	20
シャワー	샤워	57	しょうが茶	생강차	91
シャワーを浴びる			正月	설날	64
	샤워하다	197	小学校	초등학교	44
ジャンパー	점퍼	133	定規	자	83
シャンプー	샴푸	108	上司	상사	19
十	십	145	上旬	초순*	51
11月	십일월	155	少々	잠깐	223
10月	시월	155	昇進	승진	55
習慣	습관	58	上手だ	잘하다	173
従業員	종업원*	24	使用する	사용하다	205
終日	종일	159	小説	소설*	128
就職	취직	54	小説家	소설가	23
就職する	취직하다	196	招待する	초대하다	203
十字路	사거리	41	焼酎	소주	91
ジュース	주스	90	小児科	소아과*	39
修正液	수정액	83	情報	정보	75
住宅	주택	41	乗馬	승마	127
柔道	유도	126	醤油	간장	100
12月	십이월	155	ジョギング	조깅	125
周辺	주변	42	職員	직원	27
週末	주말	157	職業	직업	21
十万	십만*	145	食事	식사	84
重要だ	중요하다	219	食卓	식탁	103
授業	수업	76	食堂	식당	36
授業中	수업중*	76	職場	직장	55
塾	학원	40	植物	식물	123
祝宴	잔치	63	しょっちゅう	자주	220
祝日	공휴일	161	ショッピング	쇼핑	56
宿題	숙제	79	鐘路	종로	33
出勤	출근	54	書類	서류	54
出席する	출석하다	203	知らない	모르다	195
出退社	출퇴근*	54	知り合い	아는 사람	27
出張	출장	53	資料	자료	55
出発	출발	60	知る	알다	190
出発する	출발하다	198	白	하얀색	138

白	흰색*	138
白い	하얗다	215
信号	신호등	69
新宿	신주쿠	35
信じる	믿다	175
申請	신청	61
申請する	신청하다	202
親戚	친척	14
親切だ	친절하다	217
身長	키	114
新年	신년	153
新年	새해*	153
新年の挨拶	세배	64
心配	걱정	67
心配する	걱정하다	201
新聞	신문	110
新暦	양력*	153

〈す〉

水泳	수영	124
スイカ	수박	92
水曜日	수요일	156
吸う	피우다	172
数学	수학	81
数字	숫자	144
スーツ	정장	135
スーパー	슈퍼마켓	36
スープ	국	86
スカート	치마	132
スキー	스키	125
スキーウェア	스키복	134
スキー場	스키장	46
ズッキーニ	애호박*	99
好きだ	좋아하다	197
過ぎる	지나다	182
すぐ	곧	223
少ない	적다	206
スケート	스케이트	127
すごい	대단하다	216
少し	조금	225
過ごす	지내다	171
スジョンガ	수정과	91
涼しい	시원하다	216
スタイルがいい		
	날씬하다	217

ずっと	늘	221
ずっと	계속	223
酸っぱい	시다	208
すでに	벌써	222
捨てる	버리다	177
ストッキング	스타킹	137
ストレスを解消する		
	스트레스를 풀다*	191
スピーキング	말하기	79
スプーン	숟가락	108
すべて	다	225
スポーツ	스포츠	124
スポーツ選手	스포츠 선수	22
スポーツセンター		
	스포츠센터	37
ズボン	바지	132
スマートフォン		
	스마트폰*	72
済ます	마치다	183
すまない	미안하다	216
すみません	미안합니다	9
すみません〈呼びかけ〉		
	여기요	232
すみません〈呼びかけ〉		
	저기요*	232
住む	살다	190
相撲	스모	125
すもも	자두	93
スリッパ	슬리퍼	135
する	하다	167
ずるずる	후루룩	234
座る	앉다	169
スンドゥブチゲ		
	순두부찌개	87

〈せ〉

政治	정치	81
誠実だ	성실하다	218
正門	정문	45
西洋	서양	28
整理する	정리하다	205
セーター	스웨터	133
セールする	세일하다	201
世界	세계	28
咳	기침	116

石鹸	비누	108
接待	접대	53
絶対	절대	221
説明する	설명하다	200
背中	등	113
ぜひ	꼭	226
背広	양복	135
狭い	좁다	207
ゼロ	공	144
ゼロ	영*	144
千	천	145
前回	저번	143
前回	지난번	152
先月	지난달	155
専攻	전공	77
洗剤	세제	109
先週	지난주	157
先生	선생님	21
先々月	지지난달*	155
先々週	지지난주*	157
洗濯	빨래	56
洗濯機	세탁기	104
洗濯する	빨래하다	197
選択する	선택하다	202
センチメートル	센티미터	147
銭湯	목욕탕*	57
先輩	선배	18
全部	전부*	225
扇風機	선풍기	105
洗面	세수	57
善良だ	착하다	218

〈そ〉

掃除	청소	56
葬式	장례식	63
掃除機	청소기	105
掃除する	청소하다	196
そうしたら	그랬더니	229
そうそう	그래 그래	10
そうだ	그렇다	215
そうですか?	그래요?	10
そうなんですね	그렇군요	11
送別会	환송회	63

送別会	송별회*	63
創立記念日	창립기념일	160
ソウル	서울	33
ソーセージ	소시지	97
そこ	거기	142
そこ	그곳*	141
そして	그리고	228
そちら	그쪽*	141
卒業	졸업	77
卒業する	졸업하다	196
外	밖	48
その	그	140
その間	그동안	143
その方	그 분*	141
その通りです	맞아요	11
そのとき	그때	143
その中で	그 중에서	142
その日	그날	143
その人	그 사람*	140
そのほかに	그 밖에	143
そのまま	그대로	143
そのように	그렇게*	141
祖父	할아버지	12
ソファー	소파	102
祖母	할머니	12
空	하늘	119
ソルロンタン	설렁탕	87
それ	그거	140
それ	그것*	141
それで	그래서	228
それで?	그래서요?	11
それでは	그러면	229
それほど	그다지	224
それゆえ	그러므로	229
それを	그걸*	141
そんな	그런*	141

〈た〉

タイ	태국	31
〜台	〜대	151
ダイエット	다이어트	59
たいがい	대개	220
大学	대학교	44
大学院	대학원	44
大学院生	대학원생	20

大学生	대학생	20
大企業	대기업	45
大根	무	99
大使館	대사관	41
大した物ではありませんが		
	별 거 아니지만	232
退社	퇴근	54
退社する	퇴근하다	196
体重	몸무게	115
大丈夫だ	괜찮다	207
大丈夫です	괜찮아요	11
退職	퇴사	54
退職する	퇴사하다	205
大西洋	대서양	29
体操	체조	127
台所	부엌	43
台風	태풍	121
太平洋	태평양	29
大変	대단히	225
大変だ	힘들다	210
太陽	해	118
太陽	태양*	118
台湾	대만	30
ダウンロード	다운로드	75
タオル	수건	108
タオル	타월*	108
高い	높다	207
（値段が）高い	비싸다*	206
だから	그러니까	228
抱く	안다	179
卓球	탁구	126
たくさん	많이	224
タクシー	택시	70
～だけ	～만	231
出す	내다	184
助ける	돕다	193
訪ねていく	찾아가다	174
訪ねてくる	찾아오다	174
尋ねてみる	물어보다	176
尋ねる	묻다	193
ただ	그냥	227
ただいま	다녀 왔습니다	8
ただちに	바로	222
畳む	개다	185

立ち上がる	일어서다	184
立ち寄る	들르다	192
断つ	끊다	181
発つ	떠나다	175
たった今	방금	223
建物	건물	40
建てる	짓다	194
例えば	예를 들면	233
楽しい	즐겁다	214
タバコ	담배	111
多分	아마	226
食べ物	음식	84
食べる	먹다	167
たまに	가끔	220
玉ねぎ	양파	99
たまる	쌓이다	183
便り	소식	73
誰	누구	162
誰が	누가	162
誰でも	누구나	162
誰でも	누구든지	163
誰と	누구하고	162
誰に	누구에게	163
誰も	아무도	163
タレント	탤런트	23
単語	단어	78
男女	남녀	27
誕生日	생일	160
（目上の人の）誕生日		
	생신	161
タンス	옷장	103
ダンス	댄스*	131
〈ち〉		
小さい	작다	207
チーム	팀	127
チェックする	체크하다	199
近い	가깝다	212
違います	아니에요	10
違う	다르다*	207
地下鉄の駅	지하철역	68
地下道	지하도	69
遅刻する	지각하다	199
地図	지도	106
父	아버지	12

251

父方のお祖父さん	친할아버지*	12
父方のお祖母さん	친할머니*	12
父方の家族	친가	14
父の弟	삼촌	15
父の女兄弟	고모	15
父の女兄弟の夫	고모부	15
千葉	지바	34
地方	지방	32
チムジルバン	찜질방	39
炒飯	볶음밥	87
茶色	갈색	139
～着	～벌	151
チャット	채팅	75
茶碗蒸し	계란찜	89
中央アジア	중앙아시아	29
中学生	중학생	20
中学校	중학교	44
中華料理	중국요리	85
中華料理店	중국집	39
中間	중간	51
中国	중국	30
中国語	중국어	80
中国人	중국 사람	27
注射	주사	117
駐車場	주차장	69
注射をする	주사를 맞다*	185
中旬	중순	51
昼食	점심 식사	84
注文する	시키다	183
注文する	주문하다	199
兆	조*	145
調査する	조사하다	205
朝食	아침 식사	84
チョコレート	초콜릿	95
ちょっと	좀	225
治療する	치료하다	201
チリリン	따르릉	235

〈つ〉

ツアー	투어	61
付いていく	따라가다	175
付いてくる	따라오다*	175

通じる	통하다	203
通信	통신	73
通帳	통장	111
通訳	통역	78
つかむ	잡다	179
疲れからくる病気	몸살	117
疲れる	피곤하다	219
～月	～월	146
月	달	118
次	다음	50
付き合う	사귀다	172
注ぐ	따르다	192
机	책상	102
作る	만들다	190
つける	찍다	180
(電気など) つける	켜다	187
漬ける	담그다	192
伝える	전하다	203
ツツジ	진달래	123
常に	항상	221
つぶる	감다	172
妻	아내	13
つまらない	재미없다*	206
積む	싣다	193
爪	손톱	115
冷たい	차다	208
冷たい	차갑다	214
梅雨	장마	121
梅雨時	장마철*	121
強い	세다	200
釣り	낚시	129
連れていく	데려가다	175
連れてくる	데려오다*	175

〈て〉

手	손	114
～で	～(으)로	231
～ (場所) で	～에서	231
提案する	제안하다	205
提出する	제출하다	205
ティッシュ	티슈	111
デート	데이트	58
テーブル	테이블	102

252

手紙	편지	72
適切だ	알맞다	209
できる	생기다	186
手首	손목	114
テコンドー	태권도	126
デザート	후식	94
デザート	디저트*	94
デザイナー	디자이너	23
手帳	수첩	111
手伝う	도와주다	183
出ていく	나가다	166
出てくる	나오다	166
テニス	테니스	125
では	그럼	229
デパート	백화점	37
手袋	장갑	137
～でも	～(이)라도	231
でも	그래도	229
寺	절	47
出る	나다	184
テレビ	텔레비전	104
テレビ番組	TV 프로그램	131
店員	점원	24
天気	날씨	120
電気炊飯器	전기밥솥	105
転勤	전근	55
展示会	전시회*	129
電子辞書	전자사전	82
電車	전철	70
電子レンジ	전자레인지	105
点数	점수	77
伝統茶	전통차	91
伝統的な祝日	명절	64
電話	전화	72
電話する	전화하다	197
電話番号	전화번호	72

〈と〉

～と	～하고	230
～と	～와 / 과*	230
～度	～도	147
ドア	문	102
ドイツ	독일	31
トイレ	화장실	43

トイレットペーパー	휴지	109
動画	동영상	75
唐辛子	고추	98
唐辛子の粉	고춧가루	101
東京	도쿄	34
東西南北	동서남북	49
陶磁器	도자기	107
どうしたんですか？	웬일이에요?	232
どうだ	어떻다	215
到着	도착	60
到着する	도착하다	198
どうなられますか？	어떻게 되세요?	232
東南アジア	동남아시아	29
動物	동물	123
動物園	동물원	46
どうやって	어떻게	165
東洋	동양	28
同僚	동료	18
道路	도로	69
十（とお）	열	149
遠い	멀다	210
通り	거리	41
時	때	152
ときどき	종종	221
どきどき	두근두근	235
徒競走	달리기	127
読書	독서	128
特に	특히	226
時計	시계	106
どこ	어디	164
どこで	어디에서	164
どこでも	어디든지	165
どこに	어디에	164
どこにも	아무데도	164
どこへ	어디로	165
ところが	그러나	228
ところで	그런데	228
ところで	근데*	228
登山	등산	125
登山服	등산복	134
都市	도시	32

図書館	도서관	45
トッポッキ	떡볶이	88
とても	아주	224
とても	무척	225
とても	참*	225
どの	어느	165
飛ぶ	날다	191
トマト	토마토	99
止まる	멈추다	181
止める	세우다	171
友達	친구	18
土曜日	토요일	156
虎	호랑이	123
トラック	트럭	71
ドラマ	드라마	130
取り消す	취소하다	202
取り出す	꺼내다	177
鶏肉	닭고기	96
取引先	거래처	54
努力する	노력하다	201
撮る	찍다	171
取る	따다	182
トレーニングウェア		
	운동복	134
どれが	어느 게	165
どれくらい	얼마나	164
どんな	어떤	165

〈な〉

ない／いない	없다	166
内科	내과	39
直す	고치다	179
治る	낫다	194
中	안	48
長い	길다	210
長く	오래	223
長く	오랫동안*	223
長ズボン	긴바지	132
仲直り	화해	59
泣く	울다	190
なくしてしまう		
	잃어버리다	177
なくす	잃다	177
亡くなられる	돌아가시다	188
投げる	던지다	179

名残惜しい	섭섭하다	218
なさる	하시다	189
梨	배	93
なす	가지	99
なぜ	왜	165
なぜかと言うと		
	왜냐하면	229
夏	여름	120
七十	일흔*	149
七つ	일곱	148
何～	몇	162
何	뭐	162
何	무엇*	162
何か	뭔가	163
何が	뭐가	163
何も	아무것도	163
何を	뭘	163
鍋	냄비	109
生ビール	생맥주*	91
涙	눈물	114
ナムル	나물	88
悩み	고민	67
習う	배우다	170
並ぶ	줄을 서다	169
なられる	되시다	189
なる	되다	171
慣れる	적응하다	200
何月	몇 월*	146
南極	남극	29
南大門市場	남대문시장	47
何でも	아무거나	163
何でも	뭐든지	163
何日	며칠*	146
何の	무슨	162
南米	남미	29

〈に〉

～に	～에	230
二	이	144
～（人）に	～한테*	231
～（人）に	～에게	231
～（人）に〈敬語〉		
	～께*	231
似合う	어울리다	187
2月	이월	154

254

肉	고기	96
憎い	밉다	213
西側	서쪽*	49
二十	스물	149
二十	이십*	145
～日	～일	146
日常生活	일상생활	57
日曜日	일요일	157
似ている	비슷하다	217
二番目	둘째*	51
二百	이백*	145
日本	일본	30
日本語	일본어	80
日本語	일본말*	80
日本人	일본 사람	27
荷物	짐	60
入院する	입원하다	201
入学	입학	76
入社	입사	54
入浴	목욕	57
入力する	입력하다	205
ニラ	부추	98
似る	닮다	179
庭	마당	43
鶏	닭	122
鶏の胸肉	닭 가슴살	97
～人	～사람	150
人気	인기	130
人形	인형	107
にんじん	당근	99
にんにく	마늘	101
～人前	～인분	147

〈ぬ〉

脱ぐ	벗다	169
濡れる	젖다	175

〈ね〉

願う	바라다	186
願う	원하다	203
ねぎ	파	99
ネクタイ	넥타이	137
猫	고양이	122
熱	열	117
熱気	열기	131
ネックレス	목걸이	136

ネットカフェ	PC방	38
値引く	깎다	187
眠くなる	잠이 오다	233
眠り	잠	57
寝る	자다	169
～年	～년	146
年賀状	연하장	73
年初	연초	153
～年生	학년	77
年末	연말*	153
年末年始	연말연시	153

〈の〉

～の	～의	230
ノート	노트	82
ノート	공책*	82
ノートパソコン		
	노트북	105
残す	남기다	177
残る	남다	177
喉	목*	113
伸びる	늘다	191
飲み物	음료수	91
飲む	마시다	167
乗り換える	갈아타다	168
のり巻き	김밥	86
乗る	타다	168

〈は〉

～は	～은 / 는	230
～は〈敬語〉	～께서는*	230
パーティ	파티	62
～拝	올림	73
～杯	～잔	151
はい	네 / 예	10
バイキング	뷔페	84
配達	배달	59
入っていく	들어가다	167
入ってくる	들어오다	167
葉書	엽서	73
履く	신다	169
～泊～日	～박 ～일	146
白菜	배추	98
博物館	박물관	46
箱	상자	107
ハサミ	가위	82

箸	젓가락	108
はじまる	시작되다*	183
始め	시작	50
初め	～초	51
初めて	처음	50
はじめまして	처음 뵙겠습니다	8
始める	시작하다	199
走る	뛰다	184
（速く）走る	달리다	184
バス	버스	70
バスケットボール		
	농구	124
バスターミナル		
	버스 터미널	69
バス停	버스 정류장	68
パスポート	여권	61
パスワード	비밀번호	75
パソコン	컴퓨터	104
肌	피부	115
バター	버터	101
八	팔	145
鉢植えの花	화분	107
8月	팔월	155
八十	여든	149
パチパチ	짝짝짝	235
初～	첫～	51
発音	발음	78
パッチム	받침	78
初乗り料金	기본요금*	68
発表会	발표회	62
パッピンス	팥빙수	95
初雪	첫눈*	51
バドミントン	배드민턴	125
花	꽃	122
鼻	코	112
話す	이야기하다	197
鼻血	코피	117
バナナ	바나나	92
花火	불꽃놀이	62
花見	벚꽃놀이	62
花見	꽃구경*	62
鼻水	콧물	116
花屋	꽃집	38
母	어머니	12

パパ	아빠*	12
母方のお祖父さん		
	외할아버지*	12
母方のお祖母さん		
	외할머니*	12
母方の家族	외가	14
母の男兄弟	외삼촌	15
母の女兄弟	이모	15
母の女兄弟の夫		
	이모부	15
ハハハ	하하하	234
歯ブラシ	칫솔	109
歯磨き	양치질	57
歯磨き粉	치약*	109
ハム	햄	97
はめる	끼우다	179
はめる	끼다	179
速い	빠르다	210
早く	일찍	222
速く	빨리	223
バラ	장미	123
腹が立つ	화나다	178
春	봄	120
貼る	붙이다	187
バレエ	발레	128
バレーボール	배구	124
晴れる	맑다	209
～番	～번	147
パン	빵	89
ハンガー	옷걸이	103
ハンカチ	손수건	110
ハングルの日	한글날	101
ハンサムだ	잘생기다	209
半ズボン	반바지	132
ハンバーガー	햄버거	89
販売	판매	53
パン屋	빵집	38
〈ひ〉		
日	날	159
ビール	맥주	91
日傘	양산	111
東側	동쪽	49
～匹	～마리	151
引く	빼다	180

弾く	치다	173
（線を）引く	긋다	194
低い	낮다	207
ひげ剃り	면도	57
飛行機	비행기	71
膝	무릎	114
ひじ	팔꿈치	115
美術	미술	129
美術館	미술관	46
秘書	비서	21
非常に	매우	225
額	이마	112
左側	왼쪽*	49
びっくり	깜짝	234
日付	날짜*	159
引越し	이사	63
引っ越し祝いのパーティ	집들이	63
引越す	이사하다	204
人	사람	26
ひどい	심하다	218
一つ	하나	148
一人で	혼자서*	150
ビビンバ	비빔밥	86
暇だ	한가하다	216
百	백	145
百万	백만*	145
〜秒	〜초	146
病院	병원	37
病気	병	116
美容室	미용실	37
美容整形外科	성형외과	39
昼	점심	158
昼	낮*	158
ビル	빌딩	40
ヒレ	안심	97
広い	넓다	207
広げる	펴다	185
広島	히로시마	35
ピンク	분홍색	139
ピンク	핑크색*	139

〈ふ〉

| ファン | 팬 | 130 |
| ファンクラブ | 팬클럽* | 130 |

夫婦	부부	13
プール	수영장	37
深い	깊다	209
拭く	닦다	175
吹く	불다	191
服	옷	132
福岡	후쿠오카	35
複雑だ	복잡하다	219
復習	복습	79
腹痛	배탈	117
袋	봉투	111
不細工だ	못생기다	209
豚	돼지	122
二つ	둘	148
豚肉	돼지고기	96
豚の三枚肉	삼겹살	96
二人で	둘이서*	150
部長	부장님	18
普通	보통	220
二日	이틀*	159
ふつふつ	보글보글	234
筆箱	필통	83
ぶどう	포도	93
不動産屋	부동산	39
太っている	뚱뚱하다	219
太る	살찌다	181
布団	이불	107
船	배	71
不便だ	불편하다*	216
釜山	부산	33
冬	겨울	120
冬用の下着	내복*	132
ブラウス	블라우스	133
ブラック	블랙	138
フランス	프랑스	31
フランス語	불어	81
プリン	푸딩	95
プルコギ	불고기	86
ブレスレット	팔찌	137
プレゼントする	선물하다	199
ブログ	블로그	74
プロ野球	프로야구*	124
〜分	〜분	146

文章	문장	79	星	별	118
文法	문법	78	保存容器	반찬통	109
文房具店	문방구	39	北海道	홋카이도	34

〈へ〉

			北極	북극	29
平日	평일	157	ホットク	호떡	95
ベーコン	베이컨	97	ポップコーン	팝콘	95
～ページ	～페이지	147	ホテル	호텔	41
ベージュ	베이지색	139	ほとんど	거의	221
下手だ	못하다*	173	ホワイト	화이트*	138
ベッド	침대	102	～本	～병	151
ペット	애완동물*	123	本	책	110
別々に	따로	227	本棚	책장	102
部屋	방	42	本当ですか？	정말이요?	10
減らす	줄이다	181	本当ですか？	진짜요?*	10
(体重を) 減らす			翻訳	번역*	78
	살을 빼다	181			

〈ま〉

ベランダ	베란다	43	～枚	～장	151
ヘリコプター	헬리콥터	71	マイクロバス	마을버스	71
減る	줄다	191	毎週	매주	157
ベルト	벨트	137	毎月	매월	155
勉強	공부	76	毎月	매달*	155
勉強する	공부하다	196	毎日	매일	159
弁護士	변호사	25	前	앞	48
返事	답장	73	前	전	50
変だ	이상하다	218	前もって	미리	223
便利だ	편리하다	216	紛らわしい	헷갈리다	186

〈ほ〉

			まくら	베개	107
貿易	무역	52	まくわうり	참외	93
方向	방향	49	負ける	지다	178
法事	제사	64	孫	손자 / 손녀	13
帽子	모자	136	まず	우선	222
放送局	방송국	41	まずい	맛없다*	206
包装する	포장하다	199	混ぜる	비비다	180
包丁	칼	109	また	또	228
忘年会	송년회	63	まだ	아직	222
忘年会	망년회*	63	また会いましょう		
ボウリング	볼링	125		다음에 봐요	9
ほうれん草	시금치	98	まだまだです	아직 멀었어요	232
ホームページ	홈페이지	74	町	동네	42
ボールペン	볼펜	82	間違える	틀리다	186
他でもなくて	다름이 아니라	232	祭	축제	62
ボクシング	복싱	126	待つ	기다리다	168
ほぐす	풀다	191	～末	～말	51
北米	북미	29	マッコリ	막걸리	91

マッサージ	마사지	59
まっすぐ	똑바로	227
まったく	전혀	220
まったく一緒だ	똑같다	209
～まで	～까지	231
窓	창문	103
マフラー	목도리	137
ママ	엄마*	12
守る	지키다	179
マラソン	마라톤	127
万	만	145
満1歳の誕生日祝い		
	돌잔치	65
漫画	만화*	128
マンゴー	망고	93
マンション	아파트	40
真ん中	가운데	49

〈み〉		
見える	보이다	176
みかん	귤	93
右側	오른쪽	49
ミキサー	믹서기	105
短い	짧다	207
水	물	90
水色	하늘색	139
湖	호수	119
水着	수영복	134
店	가게	38
味噌	된장	101
味噌チゲ	된장찌개	87
道	길	40
三日	사흘*	159
三つ	셋	148
緑色	초록색	139
緑色	녹색*	139
皆さん	여러분	16
南側	남쪽*	49
南山	남산	46
耳	귀	113
ミュージカル	뮤지컬	129
未来	미래	153
みりん	미림	101
見る	보다	168
民俗村	민속촌	47

みんな	모두	225

〈む〉		
向かい側	맞은편	49
昔	예전에	153
昔	옛날에*	153
ムクゲ	무궁화	123
むくむ	붓다	194
向こう側	건너편	49
むしゃむしゃ	냠냠	235
難しい	어렵다	212
息子	아들	13
娘	딸	13
六つ	여섯	148
胸	가슴	113
紫色	보라색	139

〈め〉		
明洞	명동	33
目	눈	112
～名	～명	150
目上の人	웃어른	19
メートル	미터*	147
(携帯）メール	문자	73
メガネ	안경	136
召し上がる	드시다	189
召し上がる	잡수시다	189
メニュー	메뉴	84
メロン	메론	93
目を開ける	눈을 뜨다*	172
免許証	면허증	69
面接	면접	55
麺類	국수	88

〈も〉		
～も	～도	230
もう	이제	223
もう一度	다시	226
申し訳ありません		
	죄송합니다	9
申し訳ない	죄송하다*	216
毛布	담요	107
木曜日	목요일	156
文字	글자	78
もしかして	혹시	227
若しくは	또는	229
持ち主	주인	19

もちろんです	그럼요	11
持つ	가지다	174
持つ	들다	191
持っていく	가져가다	174
持ってくる	갖다 주다	171
持ってくる	가져오다	174
もっと	더	224
最も	가장*	224
モデル	모델	23
物	물건	106
模範タクシー	모범택시	70
桃	복숭아	92
もらう	받다	171
森	숲	119
モンゴル	몽골	31
問題	문제	76

〈や〉		
野球	야구	124
夜勤	야근	55
焼く	부치다	180
焼く	굽다	193
薬剤師	약사	24
約束	약속	66
野菜	채소	98
野菜	야채*	98
易しい	쉽다	212
優しい	상냥하다*	218
安い	싸다	206
(学校の) 休み	방학	161
休みの日	쉬는 날	160
休む	쉬다	169
薬局	약국	38
八つ	여덟	149
やっぱり	역시	11
ヤフー	야후*	74
破れる	찢어지다	187
山	산	118
やむ	그치다	181
辞める	그만두다	170

〈ゆ〉		
唯一だ	유일하다	219
遊園地	놀이동산	47
夕方	저녁	158
夕食	저녁 식사	84

優先席	노약자석	68
郵便局	우체국	37
有名だ	유명하다	217
遊覧船	유람선	71
雪	눈	120
ゆっくり	푹	235
ゆっくり	천천히*	223
指	손가락	115
指輪	반지	136
ユンノリ	윷놀이	65

〈よ〉		
良い	좋다	206
(料理を〜) 用意する	차리다	180
洋食	양식	85
幼稚園	유치원	45
羊肉	양고기	96
曜日	요일	156
ヨーグルト	요구르트	95
ヨーロッパ	유럽	29
ヨガ	요가	126
よかったですね	다행이네요	233
よく	잘	220
浴室	욕실	43
横	옆	48
横になる	눕다	193
予習	예습	78
四つ	넷	148
呼ぶ	부르다	195
読む	읽다	170
予約	예약	61
〜より	〜보다	231
夜	밤	158
弱い	약하다*	209
四	사	144
四十	마흔	149
四十	사십*	145

〈ら〉		
ラーメン	라면	88
来月	다음 달	155
来週	다음 주	157
ライティング	쓰기	79
来年	내년	153
楽だ	편하다	216

ラジオ	라디오	104

〈り〉

リーディング	읽기	79
理解	이해	67
理解する	이해하다	200
リスニング	듣기	79
理想が高い	눈이 높다	233
リゾート地	휴양지	47
リビング	거실	43
留学	유학	77
留学する	유학하다	196
留学生	유학생	20
流行	유행	131
流行する	유행하다	201
リュックサック	배낭	61
寮	기숙사	43
両替	환전	61
料金	요금	68
両親	부모님	12
両親の日	어버이날	160
利用する	이용하다	204
料理	요리	56
料理人	요리사	25
緑茶	녹차	91
旅行	여행	60
旅行会社	여행사	60
履歴書	이력서	55
～輪	～송이	151
りんご	사과	92

〈れ〉

零下	영하*	121
冷蔵庫	냉장고	104
冷麺	냉면	88
歴史	역사	81
レストラン	레스토랑	36
レスリング	레슬링	126
列車	기차	70
レバー	간	97
レポーター	리포터	23
連休	연휴	161
練習	연습	79
練習する	연습하다	199
連絡先	연락처	72
連絡する	연락하다	197

〈ろ〉

ロース	등심	97
六	육	145
6月	유월	154
六十	예순	149
ロケ地	촬영지	47
路地	골목	43
ロシア	러시아	31
ロマンチックだ	로맨틱하다	219

〈わ〉

ワールドカップ	월드컵	127
わあわあ	엉엉	234
ワイシャツ	와이셔츠	133
ワイフ	와이프*	13
若い	젊다	207
我が家	우리 집	42
わかりました	알겠습니다	11
別れる	헤어지다	187
分ける	나누다	183
和食	일식	85
忘れてしまう	잊어버리다	177
忘れる	잊다	177
話題	화제	131
私ども	저희	16
私	나	16
私が	내가*	17
私が	제가	16
私たち	우리	16
私の	내	17
私の	제	16
渡っていく	건너가다	173
渡る	건너다	173
笑う	웃다	172
割る	깨다	178
悪い	나쁘다	211
割れる	깨지다	178
ワンピース	원피스	133
わんわん	멍멍	234

〈を〉

～を	～을 / 를	230

ㄱ ㄲ ㄴ ㄷ ㄸ ㄹ ㅁ ㅂ ㅃ ㅅ ㅆ ㅇ ㅈ ㅉ ㅊ ㅋ ㅌ ㅍ ㅎ

韓 日 索 引

「＊」は注釈の単語

가
개
거

〈英字〉		
PC방	ネットカフェ	38
TV 프로그램	テレビ番組	131
〈ㄱ〉		
～가	～が	230
가게	店	38
가구	家具	103
가깝다	近い	212
가끔	たまに	220
가다	行く	166
가디건	カーディガン	133
가르치다	教える	170
가방	カバン	110
가볍다	軽い	212
가수	歌手	22
가스레인지	ガスレンジ	105
가슴	胸	113
가습기	加湿器	105
가시다	行かれる	188
가요	歌謡	131
가운데	真ん中	49
가위	ハサミ	82
가을	秋	120
가장＊	最も	224
가져가다	持っていく	174
가져오다	持ってくる	174
가족	家族	12
～가지	～種類	151
가지	なす	99
가지다	持つ	174
간	レバー	97
간단하다	簡単だ	217
간식	おやつ	94
간장	醤油	100
간호사	看護師	24
갈비	カルビ	86
갈비탕	カルビタン	87
갈색	茶色	139
갈아입다	着替える	175
갈아타다	乗り換える	168

감	柿	93
감기	風邪	116
감다	つぶる	172
감독	監督	22
감동	感動	66
감자	じゃがいも	99
감정	感情	66
갑자기	急に	223
갔다 오다	行ってくる	167
강	川	118
강남	江南〈地名〉	33
강사	講師	21
강아지	子犬	122
갖다 주다	持ってくる	171
같다	同じだ	207
같이	一緒に	226
～개	～個	150
개＊	犬	122
개그맨	お笑い芸人	22
개다	畳む	185
～개월	～ヶ月	146
개천절	開天節	161
거기	そこ	142
거래처	取引先	54
거리	通り	41
거실	リビング	43
거울	鏡	109
거의	ほとんど	221
걱정	心配	67
걱정하다	心配する	201
건강하다	健康だ	217
건너가다	渡っていく	173
건너다	渡る	173
건너편	向こう側	49
건물	建物	40
건배＊	乾杯	233
걷기	ウォーキング	126
걷다	歩く	193
걸다	（電話を）かける	190
걸리다	（時間が）かかる	173

걸어가다	歩いていく	167	고향	故郷	32
걸어오다	歩いてくる	175	곧	すぐ	223
검사	検事	25	골목	路地	43
검색	検索	74	골프	ゴルフ	125
검은색*	黒	138	골프웨어	ゴルフウェア	135
게임	ゲーム	129	공	ゼロ	144
계장	ケジャン	89	공기	空気	119
겨울	冬	120	공무원	公務員	21
격주	隔週	157	공부	勉強	76
결석하다	欠席する	203	공부하다	勉強する	196
결정하다	決定する	202	공연	公演	131
결혼기념일	結婚記念日	160	공원	公園	41
결혼식	結婚式	62	공책*	ノート	82
결혼하다	結婚する	197	공휴일	祝日	161
경기	競技	127	~과*	~と	230
경기장	競技場	47	과거	過去	153
경리	経理	53	과목	科目	81
경복궁	景福宮	47	과일	果物	92
경영	経営	53	과자	お菓子	94
경제	経済	81	과장님	課長	18
경주	慶州	33	과학	科学	81
경찰관	警察官	25	관광지	観光地	46
경찰서	警察署	39	관광하다	観光する	202
계란찜	茶碗蒸し	89	관심	関心	66
계산하다	計算する	205	괜찮다	大丈夫だ	207
계속	ずっと	223	괜찮아요	大丈夫です	11
계시다	いらっしゃる	188	교과서	教科書	80
계절	季節	121	교사	教師	21
고구마	さつまいも	99	교수	教授	21
고기	肉	96	교실	教室	44
고등학교	高校	44	교토	京都	35
고등학생	高校生	20	교통 카드	交通カード	69
고르다	選ぶ	195	교통비	交通費	68
고맙다	ありがたい	213	교회	教会	41
고맙습니다	ありがとうございます	9	구	九	145
고모	父の女兄弟	15	구경하다	見物する	198
고모부	父の女兄弟の夫	15	구글*	グーグル	74
고민	悩み	67	구두	皮靴	134
고속버스	高速バス	71	구름	雲	119
고양이	猫	122	구마모토	熊本	35
고추	唐辛子	98	구월	9月	155
고추장	コチュジャン	101	구정*	旧暦のお正月	64
고춧가루	唐辛子の粉	101	국	スープ	86
고치다	直す	179	국내	国内	32

ㄱ ㄲ ㄴ ㄷ ㄸ ㄹ ㅁ ㅂ ㅃ ㅅ ㅆ ㅇ ㅈ ㅉ ㅊ ㅋ ㅌ ㅍ ㅎ

구					
국수	麺類	88	그렇게*	そのように	141
국어	国語	81	그렇군요	そうなんですね	11
국제	国際	28	그렇다	そうだ	215
국제우편	国際郵便	73	그렇지만	けれども	229
군인	軍人	25	그릇	器	109
굽다	焼く	193	그리고	そして	228
~권	~冊	151	그리다	描く	181
귀	耳	113	그림	絵	129
귀걸이	イヤリング	136	그만두다	辞める	170
귀엽다	かわいい	213	그저께	おととい	159
규슈	九州	34	그제*	おととい	159
귤	みかん	93	그쪽*	そちら	141
그	彼	17	그치다	やむ	181
그	その	140	극장	劇場	37
그 밖에	そのほかに	143	근데*	ところで	228
그 분*	その方	141	근무	勤務	52
그 사람*	その人	140	근처	近所	42
그 중에서	その中で	142	글쎄요….	さあ…	10
그거	それ	140	글자	文字	78
그걸*	それを	141	금년*	今年	153
그것*	それ	141	금연	禁煙	58
그곳*	そこ	141	금요일	金曜日	156
그날	その日	143	급료	給料	55
그냥	ただ	227	급하다	急ぐ	217
그녀	彼女	17	긋다	(線を) 引く	194
그다지	それほど	224	기내식	機内食	61
그대	あなた	17	기다리다	待つ	168
그대로	そのまま	143	기대하다	期待する	201
그동안	その間	143	기르다	飼う	195
그때	そのとき	143	기모노	着物	135
그래 그래	そうそう	10	기본요금*	初乗り料金	68
그래도	でも	229	기분	気持ち	66
그래서	それで	228	기쁘다*	嬉しい	211
그래서요?	それで?	11	기숙사	寮	43
그래요?	そうですか	10	기억하다	記憶する	200
그랬더니	そうしたら	229	기자	記者	23
그리나	ところが	228	기차	列車	70
그러니까	だから	228	기침	咳	116
그러면	それでは	229	기타	ギター	128
그러므로	それゆえ	229	긴바지	長ズボン	132
그런*	そんな	141	긴자	銀座	35
그런데	ところで	228	긴장	緊張	67
그럼	では	229	긴장하다	緊張する	182
그럼요	もちろんです	11	길	道	40

264

ㅏ ㅐ ㅑ ㅒ ㅓ ㅔ ㅕ ㅖ ㅗ ㅘ ㅙ ㅛ ㅜ ㅝ ㅞ ㅟ ㅠ ㅡ ㅢ ㅣ

길다	長い	210
김밥	のり巻き	86
김치	キムチ	88
깊다	深い	209
까만색	黒	138
까맣다	黒い	215
~까지	~まで	231
깎다	値引く	187
깜빡	うっかり	235
깜짝	びっくり	234
깨	ゴマ	101
깨끗하다	きれいだ	219
깨다	割る	178
깨소금	ゴマ塩	101
깨지다	割れる	178
꺼내다	取り出す	177
껌	ガム	95
~께*	~に〈敬語〉（人）	231
~께서*	~が〈敬語〉	230
~께서는*	~は〈敬語〉	230
꼬르륵	ぐうぐう	234
꼭	ぜひ	226
꼼꼼하다	几帳面だ	217
꽃	花	122
꽃가루 알레르기	花粉症	117
꽃구경*	花見	62
꽃병	花瓶	107
꽃집	花屋	38
꽤	かなり	225
끄다	消す	192
끊다	断つ	181
끝	終わり	50
끝나다	終わる	183
끝내다	終える	183
끼다	はめる	179
끼우다	はめる	179

〈ㄴ〉

나	私	16
나가다	出ていく	166
나누다	分ける	183
나다	出る	184
나라	国	30
나무	木	122

나물	ナムル	88
나쁘다	悪い	211
나오다	出てくる	166
나중에	後で	50
나타나다	現れる	186
낚시	釣り	129
날	日	159
날다	飛ぶ	191
날씨	天気	120
날씬하다	スタイルがいい	217
날짜*	日付	159
남극	南極	29
남기다	残す	177
남녀	男女	27
남다	残る	177
남대문시장	南大門市場	47
남동생*	弟	13
남미	南米	29
남산	南山	46
남색	紺色	139
남자	男	26
남쪽*	南側	49
남편	夫	12
낫다	治る	194
낮*	昼	158
낮다	低い	207
내	私の	17
내가*	私が	17
내과	内科	39
내년	来年	153
내다	出す	184
내려가다	下りていく	174
내려오다	下りてくる	174
내리다	降りる	168
내복*	冬用の下着	132
내일	明日	159
내후년*	再来年	153
냄비	鍋	109
냉면	冷麺	88
냉장고	冷蔵庫	104
냠냠	むしゃむしゃ	235
너	君	17
너무	あまりにも	224
너희	君たち	17

기 까 깨 꺄 께 꼬 꽤 끄 끼 나 내 냐 너

ㄱ ㄲ ㄴ ㄷ ㄸ ㄹ ㅁ ㅂ ㅃ ㅅ ㅆ ㅇ ㅈ ㅉ ㅊ ㅋ ㅌ ㅍ ㅎ

넓다	広い	207
넘다	超える	182
넘어지다	転ぶ	184
넣다	入れる	176
네	君の	17
네	はい	10
네덜란드	オランダ	31
넥타이	ネクタイ	137
넷	四つ	148
~년	~年	146
노란색	黄色	138
노랗다	黄色い	215
노래	歌	128
노래방	カラオケ	38
노력하다	努力する	201
노약자석	優先席	68
노트	ノート	82
노트북	ノートパソコン	105
녹색*	緑色	139
녹차	緑茶	91
놀다	遊ぶ	190
놀라다	驚く	172
놀이동산	遊園地	47
놀이터	児童公園	43
농구	バスケットボール	124
높다	高い	207
놓다	置く	176
누가	誰が	162
누구	誰	162
누구나	誰でも	162
누구든지	誰でも	163
누구에게	誰に	163
누구하고	誰と	162
누나	（男からの）姉	13
누르다	押す	195
눈	目	112
눈	雪	120
눈물	涙	114
눈을 뜨다*	目を開ける	172
눈이 높다	理想が高い	233
눕다	横になる	193
느끼다	感じる	184
느낌	感じ	66
느리다	遅い	208

~는	~は	230
늘	ずっと	221
늘다	伸びる	191
늦게	遅く	222
늦다	遅れる	172
〈ㄷ〉		
다	すべて	225
다녀 오세요	行ってらっしゃい	8
다녀 왔습니다	ただいま	8
다녀오다	行ってくる	167
다니다	通う	170
다다음 달*	再来月	155
다다음 주*	再来週	157
다르다	異なる	210
다르다*	違う	207
다름이 아니라	他でもなくて	232
다리	脚	113
다섯	五つ	148
다시	もう一度	226
다운로드	ダウンロード	75
다음	次	50
다음 달	来月	155
다음 주	来週	157
다음에 봐요	また会いましょう	9
다이어트	ダイエット	59
다치다	けがする	185
다행이네요	よかったですね	233
닦다	拭く	175
단어	単語	78
닫다	閉める	171
달	月	118
달다	甘い	210
달력	カレンダー	106
달리기	徒競走	127
달리기*	駆けっこ	184
달리다	（速く）走る	184
닭	鶏	122
닭 가슴살	鶏の胸肉	97
닭고기	鶏肉	96
닮다	似る	179
담그다	漬ける	192
담배	タバコ	111
담요	毛布	107
답장	返事	73

ㅏ ㅐ ㅑ ㅒ ㅓ ㅔ ㅕ ㅖ ㅗ ㅘ ㅙ ㅛ ㅜ ㅝ ㅞ ㅟ ㅠ ㅡ ㅢ ㅣ

당근	にんじん	99	돌아가시다	亡くなられる	188
당신	あなた	17	돌아오다	帰ってくる	167
~대	~台	151	돌잔치	満1歳の誕生日祝い	65
대개	たいがい	220	돕다	助ける	193
대기업	大企業	45	동남아시아	東南アジア	29
대단하다	すごい	216	동네	町	42
대단히	大変	225	동료	同僚	18
대답	答え	76	동물	動物	123
대답하다	答える	200	동물원	動物園	46
대만	台湾	30	동생	下の兄弟	13
대사관	大使館	41	동서남북	東西南北	49
대서양	大西洋	29	동안	間	152
대학교	大学	44	동양	東洋	28
대학생	大学生	20	동영상	動画	75
대학원	大学院	44	동전	コイン	61
대학원생	大学院生	20	동쪽	東側	49
대화	会話	59	돼지	豚	122
댄스*	ダンス	131	돼지고기	豚肉	96
더	もっと	224	됐어요	けっこうです	11
더럽다	汚い	213	되다	なる	171
던지다	投げる	179	되시다	なられる	189
덥다	暑い	212	된장	味噌	101
덮다	（布類を）かける	185	된장찌개	味噌チゲ	87
데려가다	連れていく	175	두근두근	どきどき	235
데려오다*	連れてくる	175	두껍다	厚い	214
데이트	デート	58	두다	置く	176
~도	~度	147	둘	二つ	148
~도	~も	230	둘이서*	二人で	150
도로	道路	69	둘째*	二番目	51
도서관	図書館	45	뒤	後ろ	48
도시	都市	32	드디어	いよいよ	227
도시락	お弁当	85	드라마	ドラマ	130
도와주다	手伝う	183	드리다	差し上げる	188
도우미	アシスタント	25	드시다	召し上がる	189
도우미*	お手伝いさん	25	듣기	リスニング	79
도자기	陶磁器	107	듣다	聞く	193
도착	到着	60	들다	持つ	191
도착하다	到着する	198	들르다	立ち寄る	192
도쿄	東京	34	들리다	聞こえる	176
독감	インフルエンザ	116	들어가다	入っていく	167
독서	読書	128	들어오다	入ってくる	167
독일	ドイツ	31	들어주다	聞いてくれる	176
돈	お金	60	들어주다*	聞いてあげる	176
돌아가다	帰る	166	등	背中	113

다 대 더 데 도 돼 되 두 뒤 드

267

ㄱ ㄲ ㄴ ㄷ ㄸ ㄹ ㅁ ㅂ ㅃ ㅅ ㅆ ㅇ ㅈ ㅉ ㅊ ㅋ ㅌ ㅍ ㅎ

등산	登山	125
등산복	登山服	134
등심	ロース	97
디자이너	デザイナー	23
디저트*	デザート	94
따다	取る	182
따뜻하다	暖かい	216
따라가다	付いていく	175
따라서	したがって	229
따라오다*	付いてくる	175
따로	別々に	227
따르다	注ぐ	192
따르릉	チリリン	235
딸	娘	13
딸기	いちご	92
땀	汗	117
땅	地面	119
때	時	152
떠나다	発つ	175
떠들다	騒ぐ	185
떡	お餅	94
떡국	お雑煮	65
떡볶이	トッポッキ	88
떨어지다	落ちる	182
또	また	228
또는	若しくは	229
똑같다	まったく一緒だ	209
똑똑	こんこん	235
똑바로	まっすぐ	227
뚱뚱하다	太っている	219
뛰다	走る	184
뜨겁다	熱い	213

〈ㄹ〉		
~(이)라도	~でも	231
라디오	ラジオ	104
라면	ラーメン	88
러시아	ロシア	31
레스토랑	レストラン	36
레슬링	レスリング	126
~(으)로	~で	231
로맨틱하다	ロマンチックだ	219
~(을)를	~を	230
리포터	レポーター	23

〈ㅁ〉		
마늘	にんにく	101
마당	庭	43
마라톤	マラソン	127
마르다	渇く	195
~마리	~匹	151
마시다	飲む	167
마을버스	マイクロバス	71
마음	心	67
마음에 들다	気に入る	233
마지막	最後	51
마치다	済ます	183
마트	大型スーパー	36
마흔	四十	149
막걸리	マッコリ	91
~만	~だけ	231
만	万	145
만나다	会う	168
만나서 반갑습니다	お会いできて嬉しいです	8
만두	餃子	89
만들다	作る	190
만지다	触る	185
만화*	漫画	128
많다	多い	206
많이	たくさん	224
~말	~末	51
말*	言葉	79
말씀하시다	おっしゃる	189
말하기	スピーキング	79
말하다	言う	170
맑다	晴れる	209
맛	味	85
마사지	マッサージ	59
맛없다*	まずい	206
맛있다	おいしい	206
망고	マンゴー	93
망년회*	忘年会	63
맞다	合う	186
맞다	打たれる	185
맞아요	その通りです	11
맞은편	向かい側	49
매다	締める	187

매달*	毎月	155
매우	非常に	225
매월	毎月	155
매일	毎日	159
매주	毎週	157
맥주	ビール	91
맵다	辛い	214
머리	頭	112
머리띠	カチューシャ	136
머리카락	髪の毛	115
먹다	食べる	167
먼저	先に	50
멀다	遠い	210
멈추다	止まる	181
멋있다	格好いい	206
멍멍	わんわん	234
메뉴	メニュー	84
메론	メロン	93
며칠*	何日	146
면도	ひげ剃り	57
면접	面接	55
면허증	免許証	69
~명	～名	150
명동	明洞	33
명절	伝統的な祝日	64
몇~	何～	162
몇 월*	何月	146
모델	モデル	23
모두	みんな	225
모레	明後日	159
모르다	知らない	195
모범택시	模範タクシー	70
모으다	集める	192
모이다	集まる	185
모임	集まり	59
모자	帽子	136
목	首	113
목*	喉	113
목걸이	ネックレス	136
목도리	マフラー	137
목소리	声	115
목요일	木曜日	156
목욕	入浴	57
목욕탕*	銭湯	57

목욕하다	お風呂に入る	204
몸	体	112
몸무게	体重	115
몸살	疲れからくる病気	117
몸이 좋다	体つきが良い	233
못생기다	不細工だ	209
못하다*	下手だ	173
몽골	モンゴル	31
무	大根	99
무겁다	重い	212
무궁화	ムクゲ	123
무릎	膝	114
무섭다	怖い	214
무슨	何の	162
무엇*	何	162
무역	貿易	52
무척	とても	225
문	ドア	102
문방구	文房具店	39
문법	文法	78
문자	（携帯）メール	73
문장	文章	79
문제	問題	76
묻다	尋ねる	193
물	水	90
물건	物	106
물어보다	尋ねてみる	176
뭐	何	162
뭐가	何が	163
뭐든지	何でも	163
뭔가	何か	163
뭘	何を	163
뮤지컬	ミュージカル	129
미국	アメリカ	30
미래	未来	153
미루다	後回しにする	182
미리	前もって	223
미림	みりん	101
미술	美術	129
미술관	美術館	46
미안하다	すまない	216
미안합니다	すみません	9
미용실	美容室	37
미터*	メートル	147

ㄱ ㄲ ㄴ ㄷ ㄸ ㄹ ㅁ ㅂ ㅃ ㅅ ㅆ ㅇ ㅈ ㅉ ㅊ ㅋ ㅌ ㅍ ㅎ

믹서기	ミキサー	105
민속촌	民俗村	47
믿다	信じる	175
밉다	憎い	213
밑	下	48

〈ㅂ〉

바꾸다	変える	171
바뀌다	変わる	183
바나나	バナナ	92
바다	海	118
바라다	願う	186
바람	風	118
바로	ただちに	222
바쁘다	忙しい	211
바지	ズボン	132
~박 ~일	~泊~日	146
박물관	博物館	46
밖	外	48
반드시	必ず	227
반바지	半ズボン	132
반지	指輪	136
반짝반짝	きらきら	235
반찬	おかず	88
반찬통	保存容器	109
받다	もらう	171
받침	パッチム	78
발	足	114
발가락	足の指	115
발레	バレエ	128
발목	足首	114
발음	発音	78
발톱*	足の指の爪	115
발표회	発表会	62
밝다	明るい	208
밤	夜	158
밥	ご飯	86
방	部屋	42
방금	たった今	223
방송국	放送局	41
방학	(学校の) 休み	161
방향	方向	49
배	お腹	113
배	梨	93
배	船	71

배고프다	お腹が空く	211
배구	バレーボール	124
배낭	リュックサック	61
배달	配達	59
배드민턴	バドミントン	125
배부르다*	お腹がいっぱいだ	211
배우다	習う	170
배추	白菜	98
배탈	腹痛	117
백	百	145
백만*	百万	145
백화점	デパート	37
버리다	捨てる	177
버스	バス	70
버스 정류장	バス停	68
버스 터미널	バスターミナル	69
버터	バター	101
~번	~回	150
~번	~番	147
번개	稲妻	121
번역*	翻訳	78
~벌	~着	151
벌다	稼ぐ	191
벌써	すでに	222
벗다	脱ぐ	169
벚꽃	桜	123
벚꽃놀이	花見	62
베개	まくら	107
베란다	ベランダ	43
베이지색	ベージュ	139
베이컨	ベーコン	97
벨트	ベルト	137
변하다	変わる	201
변호사	弁護士	25
별	星	118
별 거 아니지만	大した物ではありませんが	232
별로	あまり	224
병	病気	116
~병	~本	151
병원	病院	37
보글보글	ふつふつ	234
보내다	送る	171

ㅏ ㅐ ㅑ ㅒ ㅓ ㅔ ㅕ ㅖ ㅗ ㅘ ㅙ ㅛ ㅜ ㅝ ㅔ ㅟ ㅠ ㅡ ㅢ ㅣ

보다	見る	168	뷔페	バイキング	84	보
～보다	～より	231	블라우스	ブラウス	133	뵈
보라색	紫色	139	블랙	ブラック	138	부
보시다	ご覧になる	189	블로그	ブログ	74	뷔
보이다	見える	176	비	雨	120	브
보통	普通	220	비누	石鹸	108	비
복숭아	桃	92	비밀번호	パスワード	75	빠
복습	復習	79	비비다	混ぜる	180	빼
복싱	ボクシング	126	비빔밥	ビビンバ	86	사
복잡하다	複雑だ	219	비서	秘書	21	
볶다	炒める	180	비슷하다	似ている	217	
볶음밥	炒飯	87	비싸다*	（値段が）高い	206	
볼링	ボウリング	125	비행기	飛行機	71	
볼펜	ボールペン	82	빌딩	ビル	40	
봄	春	120	빌리다	借りる	173	
봉투	袋	111	빠르다	速い	210	
뵙다	お目にかかる	189	빨간색	赤	138	
부동산	不動産屋	39	빨갛다	赤い	215	
부럽다	うらやましい	213	빨다	（洗濯物を）洗う	191	
부르다	呼ぶ	195	빨래	洗濯	56	
부모님	両親	12	빨래하다	洗濯する	197	
부부	夫婦	13	빨리	速く	223	
부산	釜山〈地名〉	33	빵	パン	89	
부엌	台所	43	빵집	パン屋	38	
부장님	部長	18	빼다	引く	180	
부지런하다*	勤勉だ	218		〈ㅅ〉		
부추	ニラ	98	사	四	144	
부치다	焼く	180	사거리	十字路	41	
부탁하다	お願いする	199	사과	りんご	92	
～부터	～（時間）から	231	사귀다	付き合う	172	
북극	北極	29	사내	社内	45	
북미	北米	29	사다	買う	168	
북쪽*	北側	49	～사람	～人	150	
～분	～方	26	사람	人	26	
～분	～分	146	사랑	愛	66	
분홍색	ピンク	139	사랑하다	愛する	197	
불고기	プルコギ	86	사무	事務	53	
불꽃놀이	花火	62	사무실	事務室	45	
불다	吹く	191	사무직	事務職	21	
불어	フランス語	81	사물놀이	サムルノリ	65	
불편하다*	不便だ	216	사십*	四十	145	
붓다	むくむ	194	사업	事業	52	
붙다	受かる	182	사업가	実業家	25	
붙이다	貼る	187	사용하다	使用する	205	

271

ㄱ ㄲ ㄴ ㄷ ㄸ ㄹ ㅁ ㅂ ㅃ ㅅ ㅆ ㅇ ㅈ ㅉ ㅊ ㅋ ㅌ ㅍ ㅎ

사 사원여행	社員旅行	53
새 사월	4月	154
사이	間	49
샤 사이타마	埼玉	34
사이트	サイト	74
서 사인	サイン	130
사인회*	サイン会	130
세 사장님	社長	19
사전	辞書	82
사진	写真	60
사진기*	写真機	104
사촌	従兄弟	15
사탕	飴	95
사회	社会	81
사흘*	三日	159
산	山	118
산책	散歩	58
～살	～歳	150
살다	住む	190
살을 빼다	(体重を) 減らす	181
살찌다	太る	181
삼	三	144
삼겹살	豚の三枚肉	96
삼계탕	参鶏湯	87
삼백*	三百	145
삼십*	三十	145
삼월	3月	154
삼촌	父の弟	15
상	座敷テーブル	103
상냥하다*	優しい	218
상사	上司	19
상자	箱	107
상저	傷	117
상추	サンチュ	98
새로	新しく	227
새롭다	新しい	213
새벽	明け方	158
새해*	新年	153
색	色	138
색깔*	色	138
색연필	色鉛筆	83
샌드위치	サンドイッチ	89
생각	考え	67
생각하다	考える	200

생각하다*	思う	200
생강차	しょうが茶	91
생기다	できる	186
생맥주*	生ビール	91
생선	魚	89
생신	(目上の人の) 誕生日	161
생일	誕生日	160
샤워	シャワー	57
샤워하다	シャワーを浴びる	197
샤프	シャープペンシル	83
샴푸	シャンプー	108
서로	お互いに	227
서류	書類	54
서른	三十	149
서비스	サービス	52
서양	西洋	28
서울	ソウル	33
서쪽*	西側	49
석가탄신일	釈迦誕生日	161
선글라스	サングラス	137
선물하다	プレゼントする	199
선배	先輩	18
선생님	先生	21
선택하다	選択する	202
선풍기	扇風機	105
설거지	皿洗い	57
설거지하다	皿洗いをする	204
설날	正月	64
설렁탕	ソルロンタン	87
설명하다	説明する	200
설탕	砂糖	100
섭섭하다	名残惜しい	218
성묘	お墓参り	65
성실하다	誠実だ	218
성형외과	美容整形外科	39
세계	世界	28
세다	数える	173
세다	強い	209
세배	新年の挨拶	64
세뱃돈	お年玉	64
세수	洗面	57
세수하다	顔を洗う	204
세우다	止める	171
세일하다	セールする	201

ㅏ ㅐ ㅑ ㅒ ㅓ ㅔ ㅕ ㅖ ㅗ ㅘ ㅙ ㅛ ㅜ ㅝ ㅞ ㅟ ㅠ ㅡ ㅢ ㅣ

세제	洗剤	109	수업	授業	76	세
세탁기	洗濯機	104	수업중*	授業中	76	셔
세탁소	クリーニング店	39	수영	水泳	124	소
센티미터	センチメートル	147	수영복	水着	134	쇠
셋	三つ	148	수영장	プール	37	쇼
셋째*	三番目	51	수요일	水曜日	156	쇼
셔츠	シャツ	133	수정과	スジョンガ	91	수
소	牛	122	수정액	修正液	83	쉬
소개하다	紹介する	204	수첩	手帳	111	슈
소금	塩	100	수학	数学	81	스
소꼬리	牛テール	97	숙제	宿題	79	
소설*	小説	128	순두부찌개	スンドゥブチゲ	87	
소설가	小説家	23	순서	順序	51	
소시지	ソーセージ	97	숟가락	スプーン	108	
소식	便り	73	술	お酒	90	
소아과*	小児科	39	술집	居酒屋	38	
소주	焼酎	91	숫자	数字	144	
소파	ソファー	102	숲	森	119	
소포	小包	72	쉬는 날	休みの日	160	
소풍	遠足	62	쉬다	休む	169	
소화제	胃薬	117	쉰	五十	149	
속옷	下着	132	쉽다	易しい	212	
손	手	114	슈퍼마켓	スーパー	36	
손가락	指	115	스마트폰*	スマートフォン	72	
손님	お客	19	스모	相撲	125	
손목	手首	114	스물	二十	149	
손목시계	腕時計	137	스승의 날	師匠の日	161	
손수건	ハンカチ	110	스웨터	セーター	133	
손이 크다	気前がいい	233	스케이트	スケート	127	
손자 / 손녀	孫	13	스키	スキー	125	
손톱	爪	115	스키복	スキーウェア	134	
송년회	忘年会	63	스키장	スキー場	46	
송별회*	送別会	63	스타킹	ストッキング	137	
~송이	~輪	151	스트레스를 풀다*			
송편	（お盆の時の）お餅	65		ストレスを解消する	191	
쇠고기	牛肉	96	스포츠	スポーツ	124	
쇼핑	ショッピング	56	스포츠 선수	スポーツ選手	22	
수건	タオル	108	스포츠센터	スポーツセンター	37	
수고 하셨습니다			슬리퍼	スリッパ	135	
	お疲れ様でした	9	슬프다	悲しい	211	
수납장	クローゼット	103	습관	習慣	58	
수다	おしゃべり	59	습기	湿気	121	
수도	首都	32	승마	乗馬	127	
수박	スイカ	92	승진	昇進	55	

ㄱ ㄲ ㄴ ㄷ ㄸ ㄹ ㅁ ㅂ ㅃ ㅅ ㅆ ㅇ ㅈ ㅉ ㅊ ㅋ ㅌ ㅍ ㅎ

~시	~時	150	십	十	145
~시간	~時間	150	십만*	十万	145
시간표	時間割	77	십이월	12月	155
시계	時計	106	십일월	11月	155
시골	田舎	32	싱겁다	味が薄い	213
시금치	ほうれん草	98	싸다	安い	206
시급*	時給	55	싸우다	けんかする	178
시끄럽다	うるさい	214	싸움	けんか	59
시내	市内	32	쌓이다	たまる	183
시다	酸っぱい	208	쓰기	ライティング	79
시디플레이어	CDプレーヤー	105	쓰다	書く	192
시원하다	涼しい	216	쓰레기통*	ゴミ箱	106
시월	10月	155	~씨	~さん	26
시작	始め	50	씨름	韓国相撲	125
시작되다*	はじまる	183	씹다	かむ	180
시작하다	始める	199	씻다	洗う	175
시장	市場	40		〈ㅇ〉	
시즈오카	静岡	34	아가씨	お嬢さん	19
시청	市庁	41	아가씨	夫の妹	15
시키다	注文する	183	아기	赤ちゃん	27
시험	試験	76	아까*	さっき	223
식단	献立	85	아나운서	アナウンサー	22
식당	食堂	36	아내	妻	13
식물	植物	123	아뇨	いいえ	10
식사	食事	84	아는 사람	知り合い	27
식용유	サラダ油	100	아니에요	違います	10
식초	お酢	100	아들	息子	13
식탁	食卓	103	아래*	下	48
신년	新年	153	아르바이트	アルバイト	24
신다	履く	169	아름답다	美しい	213
신맛*	酸味	208	아마	多分	226
신문	新聞	110	아무거나	何でも	163
신발	靴	134	아무것도	何も	163
신발장	靴箱	103	아무데도	どこにも	164
신용카드	クレジットカード	111	아무도	誰も	163
신정	元日	64	아버지	父	12
신주구	新宿	35	아빠*	パパ	12
신청	申請	61	아시다	ご存知だ	189
신청하다	申請する	202	아시아	アジア	28
신호등	信号	69	아이	子供	26
싣다	積む	193	아이디	ID	75
실내화	上履き	135	아이스크림	アイスクリーム	94
싫다	嫌だ	209	아저씨	おじさん	19
심하다	ひどい	218	아주	とても	224

ㅏ ㅐ ㅑ ㅒ ㅓ ㅔ ㅕ ㅖ ㅗ ㅘ ㅙ ㅛ ㅜ ㅝ ㅔ ㅟ ㅠ ㅡ ㅢ ㅣ

아주머니	おばさん	19	약사	薬剤師	24	아
아줌마*	おばさん	19	약속	約束	66	애
아직	まだ	222	약하다*	弱い	209	야
아직 멀었어요	まだまだです	232	약혼식	婚約式	63	어
아침	朝	158	약혼자	婚約者	19	
아침 식사	朝食	84	얇다	薄い	208	
아파트	マンション	40	양고기	羊肉	96	
아프다	痛い	211	양력*	新暦	153	
아홉	九つ	149	양말	靴下	136	
아흔*	九十	149	양복	背広	135	
악기	楽器	128	양산	日傘	111	
안	中	48	양식	洋食	85	
안경	メガネ	136	양치질	歯磨き	57	
안과*	眼科	39	양파	玉ねぎ	99	
안내하다	案内する	198	얕다*	浅い	209	
안녕하세요?	こんにちは	8	어깨	肩	113	
안녕히 가세요 / 계세요			어느	どの	165	
	さようなら	9	어느 게	どれが	165	
안녕히 주무세요			어둡다	暗い	214	
	おやすみなさい	9	어디	どこ	164	
안다	抱く	179	어디든지	どこでも	165	
안심	ヒレ	97	어디로	どこへ	165	
안전하다	安全だ	219	어디에	どこに	164	
안주	おつまみ	85	어디에서	どこで	164	
앉다	座る	169	어떤	どんな	165	
알겠습니다	わかりました	11	어떻게	どうやって	165	
알다	知る	190	어떻게 되세요?			
알맞다	適切だ	209		どうなられますか？	232	
압정	画鋲	83	어떻다	どうだ	215	
앞	前	48	어렵다	難しい	212	
애기*	赤ちゃん	27	어른	大人	26	
애니메이션	アニメーション	128	어리다	幼い	208	
애완동물*	ペット	123	어린이*	子供	26	
애인	恋人	18	어린이날	子供の日	160	
애호박*	ズッキーニ	99	어머니	母	12	
액세서리	アクセサリー	137	어버이날	両親の日	160	
액자	額縁	106	어서 오세요	いらっしゃいませ	8	
야구	野球	124	어울리다	似合う	187	
야근	夜勤	55	어제	昨日	159	
야채*	野菜	98	어젯밤*	昨夜	159	
야후*	ヤフー	74	어학연수*	語学研修	77	
약	薬	116	억	億	145	
약간	若干	225	언니	（女からの）姉	13	
약국	薬局	38	언덕	丘	119	

| ㄱ ㄲ ㄴ ㄷ ㄸ ㄹ ㅁ ㅂ ㅃ ㅅ ㅆ ㅇ ㅈ ㅉ ㅊ ㅋ ㅌ ㅍ ㅎ |

어 에 여 예 오

언제	いつ	164	열	十（とお）	149
언제나	いつも	221	열	熱	117
언제든지	いつでも	165	열기	熱気	131
얼굴	顔	112	열다	開ける	190
얼마	いくら	164	열쇠	鍵	111
얼마나	どれくらい	164	열심히	一生懸命	226
얼마든지	いくらでも	165	엽서	葉書	73
엄마*	ママ	12	영*	ゼロ	144
없다	ない／いない	166	영국	イギリス	30
엉엉	わあわあ	234	영어	英語	80
~에	~に	230	영업	営業	52
~에게	~（人）に	231	영하*	零下	121
~에게(서)	~（人）から	231	영화	映画	130
~에서	~（場所）で	231	영화 감상*	映画鑑賞	128
에어로빅	エアロビクス	124	영화관	映画館	37
에어컨	エアコン	104	영화배우	映画俳優	22
여권	パスポート	61	옆	横	48
여기	ここ	142	예	はい	10
여기요	すみません〈呼びかけ〉	232	예를 들면	例えば	233
여기저기	あちらこちら	142	예쁘다	きれいだ	211
여덟	八つ	149	예순	六十	149
여동생*	妹	13	예습	予習	78
여든	八十	149	예약	予約	61
여러분	皆さん	16	예전에	昔	153
여름	夏	120	옛날에*	昔	153
여섯	六つ	148	오	五	144
여자	女	26	오늘	今日	159
여행	旅行	60	오다	来る	166
여행사	旅行会社	60	오다이바	お台場	35
역사	歴史	81	오뎅	おでん	89
역시	さすが	11	오래	長く	223
억시	やっぱり	11	오랫동안*	長く	223
연극	演劇	129	오렌지	オレンジ	92
연락처	連絡先	72	오른쪽	右側	49
연락하다	連絡する	197	오리	アヒル	123
연말*	年末	153	오리고기	鴨肉	96
연말연시	年末年始	153	오빠	（女からの）兄	13
연습	練習	79	오사카	大阪	34
연습하다	練習する	199	오시다	来られる	188
연초	年初	153	오월	5月	154
연필	鉛筆	82	오이	キュウリ	98
연하장	年賀状	73	오전	午前	158
연휴	連休	161	오쿠보	大久保	35
			오키나와	沖縄	35

ㅏ ㅐ ㅑ ㅒ ㅓ ㅔ ㅕ ㅖ ㅗ ㅘ ㅙ ㅚ ㅛ ㅜ ㅝ ㅞ ㅟ ㅠ ㅡ ㅢ ㅣ

오토바이	オートバイ	71	우체국	郵便局	37	오
오후	午後	158	우표	切手	72	와
오히려	かえって	227	운동	運動	58	왜
온도	温度	121	운동복	トレーニングウェア	134	외
온천	温泉	46	운동선수*	運動選手	22	요
올림	～拝	73	운동장	運動場	45	우
올림픽	オリンピック	127	운동하다	運動する	197	워
올해	今年	153	운동화	運動靴	134	웨
옮기다	移す	183	운전	運転	58	위
옷	服	132	운전사	運転手	25	유
옷걸이	ハンガー	103	운전석	運転席	68	으
옷장	タンス	103	운전하다	運転する	198	
～와*	～と	230	울다	泣く	190	
와이셔츠	ワイシャツ	133	움직이다	動く	181	
와이프*	ワイフ	13	웃다	笑う	172	
왜	なぜ	165	웃어른	目上の人	19	
왜냐하면	なぜかと言うと	229	～원	～ウォン	147	
외가	母方の家族	14	원피스	ワンピース	133	
외과*	外科	39	원하다	願う	203	
외국	外国	28	～월	～月	146	
외국어	外国語	80	월급	月給	55	
외국인	外国人	27	월드컵	ワールドカップ	127	
외삼촌	母の男兄弟	15	월요일	月曜日	156	
외식	外食	56	웨딩드레스	ウェディングドレス	135	
외식하다	外食する	199	웬일이에요?	どうしたんですか?	232	
외출	外出	56	위	上	48	
외출하다	外出する	198	위치	位置	49	
외할머니*	母方のお祖母さん	12	위하여	(～ために) 乾杯!	233	
외할아버지*	母方のお祖父さん	12	위험하다	危険だ	219	
왼쪽*	左側	49	유도	柔道	126	
요가	ヨガ	126	유람선	遊覧船	71	
요구르트	ヨーグルト	95	유럽	ヨーロッパ	29	
요금	料金	68	유명하다	有名だ	217	
요리	料理	56	유월	6月	154	
요리사	料理人	25	유일하다	唯一だ	219	
요일	曜日	156	유치원	幼稚園	45	
요즘	最近	152	유학	留学	77	
욕실	浴室	43	유학생	留学生	20	
우리	私たち	16	유학하다	留学する	196	
우리 집	我が家	42	유행	流行	131	
우산	傘	110	유행하다	流行する	201	
우선	まず	222	육	六	145	
우연히	偶然	226	윷놀이	ユンノリ	65	
우유	牛乳	90	～은	～は	230	

한국어	일본어	쪽
은행	銀行	37
은행원	銀行員	24
음력	旧暦	153
음료수	飲み物	91
음성 메시지	音声メッセージ	73
음식	食べ物	84
음식점	飲食店	36
음악	音楽	130
음악 감상	音楽鑑賞	128
음악가	音楽家	23
응	うん	11
응원	応援	67
～의	～の	230
의견	意見	67
의사	医者	24
의자	椅子	102
이	この	140
이	二	144
이 분	この方	141
이 사람	この人	140
이 중에서	この中で	142
～이	～が	230
이거	これ	140
이건	これは	141
이걸	これを	141
이것	これ	141
이것저것	あれこれ	143
이게	これが	141
이곳	ここ	141
이기다	勝つ	178
이따가	後で	222
이때	このとき	142
이딴	こんな	141
이렇게	このように	141
이렇다*	こうだ	215
이력서	履歴書	55
이마	額	112
이메일	Eメール	74
이모	母の女兄弟	15
이모부	母の女兄弟の夫	15
이백*	二百	145
이번	今回	143
이번 달	今月	155
이번 주	今週	157
이벤트*	イベント	63
이불	布団	107
이비인후과*	耳鼻科	39
이사	引越し	63
이사하다	引越す	204
이상하다	変だ	218
이십*	二十	145
이야기하다	話す	197
이용하다	利用する	204
이월	2月	154
이제	もう	223
이쪽	こちら	141
이쪽저쪽	あちらこちら	143
이탈리아	イタリア	31
이틀*	二日	159
이해	理解	67
이해하다	理解する	200
인기	人気	130
～인분	～人前	147
인사동	仁寺洞〈地名〉	33
인사하다	挨拶する	204
인천	仁川〈地名〉	33
인터넷	インターネット	74
인형	人形	107
일	一	144
일	仕事	52
～일	～日	146
일곱	七つ	148
일본	日本	30
일본 사람	日本人	27
일본말*	日本語	80
일본어	日本語	00
일상생활	日常生活	57
일식	和食	85
일어나다	起きる	169
일어서다	立ち上がる	184
일요일	日曜日	157
일월	一月	154
일주일	一週間	157
일찍	早く	222
일하다	仕事する	196
일흔*	七十	149
읽기	リーディング	79
읽다	読む	170

278

ㅏ ㅑ ㅐ ㅒ ㅓ ㅔ ㅕ ㅖ ㅗ ㅘ ㅙ ㅛ ㅜ ㅝ ㅞ ㅟ ㅠ ㅡ ㅢ ㅣ

잃다	なくす	177
잃어버리다	なくしてしまう	177
입	口	112
입고 가다	着ていく	169
입다	着る	169
입력하다	入力する	205
입사	入社	54
입원하다	入院する	201
입이 가볍다*	口が軽い	233
입이 무겁다	口が堅い	233
입학	入学	76
있다	ある／いる	166
있으시다	お持ちだ	188
있잖아요	あのですね	232
잊다	忘れる	177
잊어버리다	忘れてしまう	177

〈ㅈ〉

자	定規	83
자기	自分	17
자다	寝る	169
자두	すもも	93
자료	資料	55
자르다	切る	195
자연	自然	119
자영업자	自営業者	24
자전거	自転車	71
자주	しょっちゅう	220
작가	作家	23
작년	去年	152
작다	小さい	207
작문	作文	79
작은아버지	叔父（父の弟）	14
작은어머니	叔父の妻	14
작품	作品	129
～잔	～杯	151
잔치	祝宴	63
잘	よく	220
잘 먹겠습니다		
	いただきます	9
잘 지내셨어요?		
	お元気でしたか	8
잘생기다	ハンサムだ	209
잘하다	上手だ	173
잠	眠り	57

잠깐	少々	223
잠이 오다	眠くなる	233
잡다	つかむ	179
잡담	雑談	59
잡수시다	召し上がる	189
잡지	雑誌	110
～장	～枚	151
장갑	手袋	137
장난감	おもちゃ	106
장례식	葬式	63
장마	梅雨	121
장마철*	梅雨時	121
장미	バラ	123
재미없다*	つまらない	206
재미있다	面白い	206
재일 교포	在日韓国人	27
재작년*	一昨年	152
재채기	くしゃみ	116
재킷	ジャケット	133
저	あの	140
저 분*	あの方	141
저 사람*	あの人	140
저거	あれ	140
저걸*	あれを	141
저것*	あれ	141
저곳*	あそこ	141
저기	あそこ	142
저기요*	すみません	
	〈呼びかけ〉	232
저녁	夕方	158
저녁 식사	夕食	84
저런*	あんな	141
저렇게*	あのように	141
저렇다*	ああだ	215
저번	前回	143
저쪽*	あちら	141
저희	私ども	16
적다	少ない	206
적응하다	慣れる	200
전	前	50
전공	専攻	77
전근	転勤	55
전기밥솥	電気炊飯器	105
전부*	全部	225

| ㄱ ㄲ ㄴ ㄷ ㄸ ㄹ ㅁ ㅂ ㅃ ㅅ ㅆ ㅇ ㅈ ㅉ ㅊ ㅋ ㅌ ㅍ ㅎ |

저	전시회*	展示会	129
제	전자레인지	電子レンジ	105
	전자사전	電子辞書	82
조	전철	電車	70
최	전통차	伝統茶	91
	전하다	伝える	203
주	전혀	まったく	220
	전화	電話	72
	전화번호	電話番号	72
	전화하다	電話する	197
	절	寺	47
	절대	絶対	221
	젊다	若い	207
	점수	点数	77
	점심	昼	158
	점심 식사	昼食	84
	점원	店員	24
	점퍼	ジャンパー	133
	접대	接待	53
	접시	皿	109
	젓가락	箸	108
	젓다	かき混ぜる	194
	정리	片付け	57
	정리하다	整理する	205
	정말이요?	本当ですか？	10
	정문	正門	45
	정보	情報	75
	정월대보름	小正月	65
	정장	スーツ	135
	정치	政治	81
	정하다	決める	202
	정해지다*	決まる	202
	젖다	濡れる	175
	제	私の	16
	제가	私が	16
	제사	法事	64
	제안하다	提案する	205
	제일	一番	224
	제주도	済州島	33
	제출하다	提出する	205
	조*	兆	145
	조금	少し	225
	조깅	ジョギング	125
	조사하다	調査する	205

조심하다	気をつける	201
조용하다	静かだ	217
조카	甥／姪	15
졸업	卒業	77
졸업하다	卒業する	196
좀	ちょっと	225
좁다	狭い	207
종로	鐘路〈地名〉	33
종업원*	従業員	24
종이	紙	82
종일	終日	159
종종	ときどき	221
좋다	良い	206
좋아하다	好きだ	197
죄송하다*	申し訳ない	216
죄송합니다	申し訳ありません	9
주다	あげる	170
주다*	くれる	170
주로	主に	220
주룩주룩	ざあざあ	235
주말	週末	157
주무시다	お休みになる	189
주문하다	注文する	199
주변	周辺	42
주부	主婦	25
주사	注射	117
주사를 맞다*	注射をする	185
주스	ジュース	90
주시다	くださる	188
주인	持ち主	19
주차장	駐車場	69
주택	住宅	41
주황색	オレンジ色	138
죽	お粥	87
죽다	死ぬ	172
준비하다	準備する	202
줄다	減る	191
줄을 서다	並ぶ	169
줄이다	減らす	181
중간	中間	51
중국	中国	30
중국 사람	中国人	27
중국어	中国語	80
중국요리	中華料理	85

ㅏ ㅐ ㅑ ㅒ ㅓ ㅔ ㅕ ㅖ ㅗ ㅘ ㅙ ㅛ ㅜ ㅝ ㅞ ㅟ ㅠ ㅡ ㅢ ㅣ

중국집	中華料理店	39
중순	中旬	51
중앙아시아	中央アジア	29
중요하다	重要だ	219
중학교	中学校	44
중학생	中学生	20
즐겁다	楽しい	214
즐겨찾기	お気に入り	75
지각하다	遅刻する	199
지갑	財布	110
지금	今	152
지나다	過ぎる	182
지난달	先月	155
지난번	前回	152
지난주	先週	157
지내다	過ごす	171
지다	負ける	178
지도	地図	106
지바	千葉	34
지방	地方	32
지우개	消しゴム	83
지지난달*	先々月	155
지지난주*	先々週	157
지진	地震	121
지키다	守る	179
지하도	地下道	69
지하철역	地下鉄の駅	68
직업	職業	21
직원	職員	27
직장	職場	55
진달래	ツツジ	123
진짜요?*	本当ですか？	10
질기다	（お肉が）硬い	187
질문	質問	76
질문하다	質問する	200
짐	荷物	60
집	家	42
집들이	引っ越し祝いの	
	パーティ	63
짓다	建てる	194
짜다	塩辛い	208
짜장면	ジャージャー麺	89
짝짝짝	パチパチ	235
짧다	短い	207

찍다	つける	180
찍다	撮る	171
찜질방	チムジルバン	39
찢어지다	破れる	187
〈ㅊ〉		
차	お茶	90
차	車	70
차갑다	冷たい	214
차다	冷たい	208
차례	祭祀	64
차례*	順序	51
차리다	（料理を）用意する	180
착하다	善良だ	218
참*	とても	225
참기름	ゴマ油	100
참석하다	参加する	203
참외	まくわうり	93
창립기념일	創立記念日	160
창문	窓	103
찾다	探す	177
찾아가다	訪ねていく	174
찾아오다	訪ねてくる	174
채소	野菜	98
채팅	チャット	75
책	本	110
책상	机	102
책장	本棚	102
처음	初めて	50
처음 뵙겠습니다		
	はじめまして	8
천	千	145
천둥	雷	121
천천히*	ゆっくり	223
첫*	初～	51
첫눈*	初雪	51
첫째	一番目	51
첫차*	始発	51
청바지	ジーンズ	132
청소	掃除	56
청소기	掃除機	105
청소하다	掃除する	196
체조	体操	127
체크하다	チェックする	199
～초	初め	51

주 지 짜 찍 차 채 처 체 초

ㄱ ㄲ ㄴ ㄷ ㄸ ㄹ ㅁ ㅂ ㅃ ㅅ ㅆ ㅇ ㅈ ㅉ ㅊ ㅋ ㅌ ㅍ ㅎ

한국어	일본어	쪽
~초	~秒	146
초대하다	招待する	203
초등학교	小学校	44
초등학생	小学生	20
초록색	緑色	139
초순*	上旬	51
초콜릿	チョコレート	95
촬영지	ロケ地	47
촬영하다	撮影する	203
추다	踊る	181
추리닝	ジャージ	135
추석	旧暦のお盆	65
축구	サッカー	124
축제	祭	62
축하해요	おめでとうございます	9
출근	出勤	54
출발	出発	60
출발하다	出発する	198
출석하다	出席する	203
출장	出張	53
출퇴근*	出退社	54
춤	踊り	131
춥다	寒い	212
취미	趣味	129
취소하다	取り消す	202
취직	就職	54
취직하다	就職する	196
~층	~階	147
치과	歯科	39
치다	打つ	173
치다	弾く	173
치료하다	治療する	201
치마	スカート	132
치약*	歯磨き粉	109
치우다	片付ける	173
친가	父方の家族	14
친구	友達	18
친절하다	親切だ	217
친척	親戚	14
친하다	親しい	218
친할머니*	父方のお祖母さん	12
친할아버지*	父方のお祖父さん	12
칠	七	145
칠월	7月	154
침대	ベッド	102
칫솔	歯ブラシ	109
〈ㅋ〉		
카메라	カメラ	104
카페	カフェ	36
칼	カッター	83
칼	包丁	109
캐나다	カナダ	31
캐러멜	キャラメル	95
캔디*	キャンディ	95
커튼	カーテン	107
커피	コーヒー	90
커피숍*	コーヒーショップ	36
컴퓨터	パソコン	104
컵	コップ	108
케이크	ケーキ	94
케이티엑스	KTX	70
케이팝*	K-POP	131
케첩	ケチャップ	101
켜다	つける	187
코	鼻	112
코트	コート	133
코피	鼻血	117
콘서트	コンサート	130
콜라	コーラ	90
콧물	鼻水	116
쿠키	クッキー	94
크다	大きい	211
크리스마스	クリスマス	161
큰아버지	伯父（父の兄）	14
큰어머니	伯父の妻	14
클릭	クリック	75
키	身長	114
키워드	キーワード	74
키위	キウィ	93
킬로그램	キログラム	147
〈ㅌ〉		
타다	乗る	168
타월*	タオル	108
탁구	卓球	126
태국	タイ	31
태권도	テコンドー	126
태양*	太陽	118
태어나다	生まれる	179

282

ㅏ ㅐ ㅑ ㅒ ㅓ ㅔ ㅕ ㅖ ㅗ ㅘ ㅙ ㅛ ㅜ ㅝ ㅞ ㅟ ㅠ ㅡ ㅢ ㅣ

태평양	太平洋	29
태풍	台風	121
택시	タクシー	70
탤런트	タレント	23
테니스	テニス	125
테이블	テーブル	102
텔레비전	テレビ	104
토마토	トマト	99
토요일	土曜日	156
통신	通信	73
통역	通訳	78
통장	通帳	111
통하다	通じる	203
퇴근	退社	54
퇴근하다	退社する	196
퇴사	退職	54
퇴사하다	退職する	205
투어	ツアー	61
트럭	トラック	71
특히	特に	226
틀리다	間違える	186
티셔츠*	Tシャツ	133
티슈	ティッシュ	111
팀	チーム	127
〈ㅍ〉		
파	ねぎ	99
파란색	青色	139
파랗다	青い	215
파티	パーティ	62
판매	販売	53
팔	腕	113
팔	八	145
팔꿈치	ひじ	115
팔다	売る	191
팔월	8月	155
팔찌	ブレスレット	137
팝콘	ポップコーン	95
팥빙수	パッピンス	95
팬	ファン	130
팬클럽*	ファンクラブ	130
~페이지	~ページ	147
펴다	広げる	185
편도	片道	68
편리하다	便利だ	216

편의점	コンビニ	36
편지	手紙	72
편하다	楽だ	216
평일	平日	157
포도	ぶどう	93
포장하다	包装する	199
표	切符	69
푸딩	プリン	95
푹	ゆっくり	235
풀	草	123
풀다	ほぐす	191
프랑스	フランス	31
프로야구*	プロ野球	124
피곤하다	疲れる	219
피다	咲く	186
피부	肌	115
피우다	吸う	172
필통	筆箱	83
핑크색*	ピンク	139
〈ㅎ〉		
~하고	~と	230
하나	一つ	148
하늘	空	119
하늘색	水色	139
하다	する	167
하루	一日	159
하숙집	下宿	42
하순*	下旬	51
하시다	なさる	189
하얀색	白	138
하얗다	白い	215
하지만	しかし	228
하하하	ハハハ	234
학교	学校	44
학기	学期	77
~학년	~年生	77
학생	学生	20
학생 식당	学生食堂	45
학생증	学生証	77
학원	塾	40
한 번도	一度も	221
한가하다	暇だ	216
한강	漢江	47
한과	(伝統の) お菓子	65

ㄱ ㄲ ㄴ ㄷ ㄸ ㄹ ㅁ ㅂ ㅃ ㅅ ㅆ ㅇ ㅈ ㅉ ㅊ ㅋ ㅌ ㅍ ㅎ

한국	韓国	30	호박	かぼちゃ	99
한국 사람	韓国人	27	호수	湖	119
한국말*	韓国語	80	호주	オーストラリア	31
한국어	韓国語	80	호텔	ホテル	41
한글날	ハングルの日	161	혹시	もしかして	227
한류	韓流	131	혼나다	怒られる	185
한류 상품	韓流グッズ	131	혼자서*	一人で	150
한문*	漢文	80	홈페이지	ホームページ	74
한복	韓服	135	홋카이도	北海道	34
한식	韓国料理	85	홍차	紅茶	91
한우	韓牛	97	화가	画家	23
한자	漢字	80	화나다	腹が立つ	178
한정식	韓定食	85	화내다	怒る	178
한턱내다	おごる	187	화분	鉢植えの花	107
~한테(서)*	～（人）から	231	화요일	火曜日	156
~한테*	～（人）に	231	화이트*	ホワイト	138
할머니	祖母	12	화장	化粧	56
할아버지	祖父	12	화장대	化粧台	103
함께*	一緒に	226	화장실	トイレ	43
합격	合格	77	화장품	化粧品	108
항공권	航空券	61	화장하다	化粧する	198
항상	常に	221	화제	話題	131
해	太陽	118	화해	仲直り	59
해물탕	海鮮ナベ	87	확인하다	確認する	205
해외	海外	28	환경	環境	119
해외여행	海外旅行	129	환송회	送別会	63
핸드폰	携帯電話	72	환영하다	歓迎する	203
햄	ハム	97	환영회	歓迎会	63
햄버거	ハンバーガー	89	환전	両替	61
행동	行動	58	활발하다	活発だ	218
행복	幸せ	67	황사	黄砂	121
행사	行事	63	~회	～回	147
허리	腰	113	회	刺身	86
헤어지다	別れる	187	회관	会館	40
헬리콥터	ヘリコプター	71	회덮밥	海鮮丼	87
헷갈리다	紛らわしい	186	회사	会社	45
현금	現金	111	회사원	会社員	21
현재	現在	152	회색	グレー	139
혈액형	血液型	115	회식	会食	53
형	兄	13	회원 가입	会員登録	75
형광펜	蛍光ペン	83	회의	会議	52
형제	兄弟	13	횡단보도	横断歩道	69
호떡	ホットク	95	~후	～後	51
호랑이	虎	123	후루룩	ずるずる	234

후식	デザート	94
후추	コショウ	100
후쿠오카	福岡	35
휴가	休暇	53
휴대폰*	携帯電話	72
휴양지	リゾート地	47
휴일	休日	160
휴지	トイレットペーパー	109
휴지통	ゴミ箱	106
흐리다	曇る	209
흰색*	白	138
히로시마	広島	35
힘들다	大変だ	210

●著者紹介

新大久保語学院（しんおおくぼごがくいん）

2002年6月設立の韓国語専門の学校。2020年3月現在、新大久保校、新橋校、渋谷校、池袋校、横浜校で約1,500余名の生徒が韓国語を学んでいる。韓国語教材の執筆や韓国語動画通信講座などに積極的に取り組んでいる。

李志暎（イ・ジヨン）

韓国・ソウル生まれ。韓国慶熙大学校日語日文学科卒業。韓国外国語大学校教育大学院・東京学芸大学大学院で日本語教育の修士課程を卒業。お茶の水女子大学大学院博士後期課程単位取得。明治学院大学非常勤講師、新大久保語学院講師。
著書：『できる韓国語』（初級II、中級I、中級II）、『できる韓国語初級I・II会話トレーニング』（以上、共著）、『できる韓国語　初級I』『短いフレーズでかんたんマスター韓国語』など

朴雪熙（パク・ソリ）

韓国・ソウル生まれ。韓国外国語大学日本語科卒業。東京大学大学院総合文化研究科修士号取得（地域文化研究）。現在同大学院博士課程。新大久保語学院講師。
著書：『できる韓国語中級II』（共著）。

- ●本文イラスト：中野隼人
- ●音声ナレーター：岡田はるこ・島津美貴・林恒秀・李志暎

新装版　できる韓国語　初級　単語集

2012年9月15日	初版第1刷発行
2016年7月15日	新装版第1刷発行
2020年3月25日	新装版第5刷発行

著　者	李志暎・朴雪熙
発行者	李承晩
発行所	DEKIRU出版
	〒169-0073　東京都新宿区百人町2-4-6
	メイト新宿ビル3F
	電話　03-5937-0909
	URL　https://www.shin-gogaku.com
発　売	株式会社 アスク出版
	〒162-8558　東京都新宿区下宮比町2-6
	電話　03-3267-6864
印刷製本	萩原印刷株式会社

ISBN　978-4-87217-998-9
乱丁本・落丁本はお取替えいたします。
定価はカバーに表示してあります。